고백자 막시무스의
사랑에 대한 400가지 교훈

고백자 막시무스의 사랑에 대한 400가지 교훈

발행일 | 2023년 2월 11일 발행
발행인 | 손영란
저　자 | 고백자 막시무스(Maximus the Confessor)
감수·에필로그 | 김재현
번　역 | 김진우
편　집 | 키아츠KIATS 편집팀
디자인 | 조유영
펴낸곳 | 키아츠KIATS
주　소 | 서울시 도봉구 마들로 624, 302호
전　화 | 02-766-2019
팩　스 | 0505-116-2019
E-mail | kiatspress@naver.com
ISBN | 979-11-6037-192-5(02230)
Web | www.kiats.org
Blog | blog.naver.com/kiatspress

* 본 출판물의 저작권은 키아츠(KIATS)에 있습니다.
* 사전동의 없이 무단으로 복사 또는 전재하여 사용할 수 없습니다.

고백자 막시무스의
사랑에 대한 400가지 교훈

키아츠
KIATS

일러두기

- 한글 번역을 위해 다음 두 책을 중심으로 여러 역본을 참조했음을 밝힌다.
  Maximus Confessor : selected writings, New York : Paulist Press (Classics of Western Spirituality), c1985; *St. Maximus the Confessor, The Ascetic Life, The Four Centuries on Charity* (P. Sherwood 번역과 주석), *The Newman Press*: New York, NY, 1955
- 독자의 이해를 돕는 한자와 영어, 성경구절은 괄호( )로 표시했다.
- 역자 주는 [ ] 로 표시했다.

목차

서문 _ **6**
1-100 _ **8**
101-200 _ **37**
201-300 _ **78**
301-400 _ **117**

에필로그 - 김재현(키아츠 원장) _ **150**
주요 참고 자료 _ **162**

서문

금욕적 삶에 관한 내 글에 추가해서, 이 글을 당신에게 보냅니다. 엘피디오스 신부(Father Elpidios)는 사랑에 관한 이 작품을 사복음서와 유사하게 사백 개의 장으로 나눴습니다. 당신의 기대에 부응하지 못할 수도 있겠지만, 이 작품은 나로서는 최선을 다해 기록한 것입니다. 더욱이, 여기에 실린 글들이 내 자신의 지성의 산물이 아님을 알아주셨으면 합니다. 오히려 나는 거룩한 교부들의 저술을 살펴보고, 내가 다루는 주제와 관련된 구절들을 수집하여, 많은 자료를 짧은 단락으로 압축하는 방식으로 그 내용을 기억하고 이해하기 쉽게 만들었습니다.

이 글을 보내면서, 공감을 가지고 그중에서 유익한 내용만을 찾아 읽으시기를 바라고, 세련되지 못한 표현은 염두에 두지 마시기를 간청합니다. 또한, 모든 영적인 축복을 상실한 보잘것없는 나를 위해 기도해 주시기를 바랍니다.

부탁드릴 것이 또 있습니다. 내가 기록한 내용을 읽고 화를 내지 마십시오. 나는 단지 명령을 받은 일을 수행했을 뿐이기 때문입니다. 이런 말씀을 드리는 것은, 오늘날 말을 사용해 사람들을 괴롭게 하는 사람들은 많지만, 행함으로 가르치거나 가르침을 받는 사람들은 아주 적기 때문입니다.

각 장에 주의를 기울이시기 바랍니다. 모든 사람이 이 글에 수록된 내용을 쉽게 이해하리라고 생각하지 않기 때문입니다. 이 글에 언급된 내용이 매우 단순해 보일 수 있지만, 대부분의 독자는 그중의 많은 부분을 면밀하게 연구할 필요가 있을 것입니다. 독자가 호기심 때문이 아니라 하나님을 경외하고 사랑하는 마음으로 읽는다는 전제 하에, 이 글에 수록된 내용 중에서 영혼에 유용한 것으로 판명되는 것이 있다면, 그것은 하나님의 은혜로 독자에게 드러날 것입니다. 만일 어떤 사람이 자기가 더 박식한 사람임을 나타내려고, 영적인 유익을 얻기 위해서가 아니라 저자를 비방할 문제를 찾아내기 위해서 이 책이나 다른 작품을 읽는다면, 그에게는 어떤 유익한 것도 계시되지 않을 것입니다.

고백자 성 막시무스

1-100

1. 사랑은 모든 피조물보다 하나님을 아는 지식을 더 소중히 여기는 영혼의 거룩한 상태입니다. 세속적인 것에 여전히 집착하는 동안에는 그런 사랑을 지속적으로 소유할 수 없습니다.

2. 무정념(無情念, dispassion)은 사랑을 낳고, 하나님을 향한 소망은 무정념을 낳으며, 인내와 오래 참음은 하나님에 대한 소망을 낳습니다. 이것들은 결국 완전한 절제의 산물이며, 절제 자체는 하나님을 경외하는 데서 솟아납니다. 하나님을 경외하는 것은 하나님에 대한 믿음의 결과입니다.

3. 당신이 주님에 대한 믿음을 가지고 있다면 처벌을 두려워할 것이며, 이러한 두려움은 정욕을 다스리도록 인도할 것입니다. 일단 정욕을 다스리게 되면, 인내하면서 고통을 받아들일 것이며, 그렇게 고통을 받아들임을 통해서 하나님에 대한 소망을 얻게 될 것입니다. 하나님에 대한 소망은 지성을 세상의 모든 집착에서 벗어나게 해주며, 이런 식으로 집착에서 벗어난 지성은 하나님에

대한 사랑을 얻게 될 것입니다.

4. 하나님을 사랑하는 사람은 하나님을 아는 지식을 하나님이 지으신 어떤 것보다 소중히 여기며, 그러한 지식을 쉬지 않고 열심히 추구합니다.

5. 존재하는 모든 것이 하나님에 의해, 그리고 하나님을 위해 지어졌다면, 하나님은 자신이 지으신 모든 것보다 더 우월하십니다. 더 우월한 것을 포기하고 보다 열등한 것에 헌신하는 사람은 하나님 자신보다 하나님이 지으신 것들을 더 소중히 여긴다는 사실을 보여줍니다.

6. 당신의 지성이 하나님을 사랑하는 데 집중되어 있을 때, 당신은 가시적인 것들에 거의 주의를 기울이지 않을 것이며, 심지어 당신 자신의 육신까지도 이질적인 것으로 여기게 될 것입니다.

7. 영혼이 육신보다 고귀하며, 하나님은 자신이 지으신 세상보다 비교할 수 없이 고귀하시기 때문에, 영혼보다 육신을, 창조주 자신보다 하나님이 지으신 세상을 더 귀하게 여기는 사람은 단순히 우상을 숭배하는 사람에 불과합니다.

8. 만일 당신이 지성으로 하여금 고백자 성 막시무스 (St. Maximus the Confessor)의 사랑에 관한 400개의 본문

중에서 처음 100개가 초점을 맞추고 있는 하나님에 대한 사랑으로부터 하나님이 아닌 어떤 감각적인 대상으로 관심을 돌리게 한다면, 그것은 당신이 영혼보다 육신을, 하나님 자신보다 하나님이 지으신 것들을 더 소중히 여긴다는 사실을 드러내는 것입니다.

9. 영적인 지식의 빛은 지성의 생명이며, 이 빛은 하나님에 대한 사랑으로 인해 발생하기 때문에, 신성한 사랑보다 더 위대한 것은 아무것도 없다는 말은 옳은 말입니다(고린도전서 13:13 참조).

10. 하나님을 향한 강렬한 사랑 안에서 지성은 그 자체를 벗어나서 자신이나 다른 피조물들을 지각하지 못하게 됩니다. 지성은 하나님의 무한한 빛으로 비춰질 때, 마치 태양이 떠오를 때 눈이 별들을 알아차리지 못하게 되듯이, 하나님이 지으신 모든 것에 대해 무감각해지기 때문입니다.

11. 모든 덕은 지성과 협력하여 하나님을 향한 강렬한 갈망, 무엇보다도 순수한 기도를 산출합니다. 지성은 이러한 기도를 통해서 하나님을 향해 날아오름으로써 피조물들의 영역을 초월합니다.

12. 사랑을 통해 신성한 지식에 도취되어 피조물들의 영

역을 벗어날 때, 지성은 하나님의 무한하심을 인식하게 됩니다. 이사야에 따르면, 지성은 그런 일이 일어날 때, 경악을 금치 못하고 자신의 비천함을 의식하고는 다음과 같은 선지자의 고백을 진심으로 되풀이하게 됩니다. "내가 가슴까지 뚫려 버렸으니 얼마나 비참한가. 나는 입술이 부정한 사람이요, 입술이 부정한 입술을 가진 백성 가운데 거하며 만군의 주이신 왕을 뵈었음이로다"(이사야 6:5).

13. 하나님을 사랑하는 사람은 아직 정화되지 못한 사람들의 정욕으로 인해 슬퍼할지라도, 모든 사람을 자기처럼 사랑하지 않을 수 없습니다. 하지만 그들이 자신들의 삶을 바로잡을 때, 그의 기쁨은 이루 말할 수 없고 끝을 알 수 없습니다.

14. 색욕(色慾)과 미움으로 가득 찬 영혼은 정화되지 못합니다.

15. 우리 마음속에 우리에게 어떤 잘못을 범한 사람에 대한 증오의 흔적이 발견된다면, 우리는 하나님에 대한 사랑에서 완전히 멀어집니다. 하나님을 향한 사랑은 우리에게서 사람에 대한 미움을 완전히 제거하기 때문입니다.

16. 주님은 "나를 사랑하는 자는 나의 계명들을 지킬 것이니라"(요한복음 14:15, 23), 그리고 "내 계명은 이것이니, 곧 너희가 서로 사랑하는 것이니라"(요한복음 15:12)라고 말씀하십니다. 그리하여 자신의 이웃을 사랑하지 않는 사람은 계명을 지키는 데 실패하고, 따라서 주님을 사랑할 수 없습니다.

17. 모든 사람을 동등하게 사랑할 수 있는 사람은 복이 있습니다.

18. 덧없고 썩어질 것에 집착하지 않는 사람은 복이 있습니다.

19. 모든 감각적인 대상을 초월하고 신성한 아름다움을 끊임없이 즐거워하는 지성은 복이 있습니다.

20. 만일 당신이 정욕으로 육신의 일을 도모하고(로마서 13:14 참조) 덧없는 일로 이웃에게 원한을 품는다면, 당신은 창조주 대신에 피조물을 숭배하는 사람입니다.

21. 질병과 감각적인 쾌락에서 벗어나 당신의 몸을 지키면, 당신이 더 고귀한 것을 섬기는데 도움이 될 것입니다.

22. 모든 세속적 욕망을 포기하는 사람은 모든 세속적 고통을 초월하게 됩니다.

23. 하나님을 사랑하는 사람은 분명히 자신의 이웃 역시 사랑할 것입니다. 그런 사람은 돈을 쌓아두지 않고, 오직 하나님께 합당한 방식으로 어려움에 처한 모든 사람에게 후히 나눠 줍니다.

24. 하나님을 본받아 구제하는 사람은 사람들의 육신에 필요한 것을 공급할 때, 악한 사람과 덕스러운 사람, 공평한 사람과 불공평한 사람을 차별하지 않습니다. 그는 성실한 의도 때문에 나쁜 사람보다는 덕스러운 사람을 더 좋아하지만, 모든 사람을 각자의 필요에 따라 공평하게 구제합니다.

25. 본성적으로 선하시고 정욕에서 자유로우신 하나님은 자신의 피조물인 모든 사람을 동등하게 사랑하십니다. 하지만 하나님이 덕스러운 사람을 영화롭게 하시는 이유는 그 사람이 자신의 뜻 안에서 하나님과 연합되어 있기 때문입니다. 그와 동시에, 하나님은 그 선하심으로 죄인에게 자비를 베푸시며, 이생에서 그를 징계하심으로 덕의 길로 돌아오게 하십니다. 마찬가지로, 선하고 공평하게 판단하는 사람도 모든 사람을 동등하게 사랑합니다. 그는 본성과 성실한 의도 때문에 덕스러운 사람을 사랑합니다. 그는 또한 자신의 본성과 동정심 때문에, 어둠

속에서 어리석게 실족하는 죄인을 불쌍히 여겨 그 죄인 역시 사랑합니다.

26. 사랑의 상태는 돈으로 구제하는 것을 통해 확인할 수 있으며, 영적인 조언을 해주고 육신적인 필요가 있는 사람들을 보살피는 것을 통해 한층 더 확인할 수 있습니다.

27. 진정으로 세속적인 것을 버리고, 사랑으로 진실하게 자기 이웃을 섬기는 사람은 머지않아 모든 정욕에서 해방되어 하나님의 사랑과 지식에 참여하는 자가 됩니다.

28. 그 마음속에 하나님에 대한 사랑을 깨달은 사람은 예레미야가 말하듯이, 여호와 그의 하나님을 추구하면서 지칠 줄 모르고(예레미야17:16 참조, 칠십인경), 모든 고난과 비방과 모욕을 품위 있게 견디며, 어떤 사람에 대해서도 조금도 나쁘게 생각하지 않습니다.

29. 누가 당신을 모욕하거나 망신을 줄 때, 화난 생각이 분노의 느낌을 불러일으켜 당신을 사랑에서 단절시키고 미움의 영역에 처하게 하지 않도록 그런 생각을 경계하십시오.

30. 어떤 모욕이나 수모로 인해 크게 고통을 당할 때, 당신이 크게 유익을 얻었다는 사실을 깨달아야 합니다. 이

는 그 수모로 인해서 당신에게서 자만심이 제거되었기 때문입니다.

31. 불에 대해서 생각하는 것이 몸을 따뜻하게 해주지 못하는 것처럼, 사랑이 없는 믿음도 영혼 안에 영적인 지식의 빛을 발하게 하지 못합니다.

32. 태양의 빛이 건강한 눈을 끌어들이듯이, 하나님을 아는 지식은 사랑을 통해 순수한 지성을 자연스럽게 자신에게로 끌어들입니다.

33. 순수한 지성은 무지에서 벗어나고 신적인 빛의 조명을 받습니다.

34. 순수한 영혼은 정욕에서 벗어나 신적인 사랑으로 끊임없이 기뻐합니다.

35. 비난받아 마땅한 정욕은 본성과 상반되는 영혼의 충동입니다.

36. 무정념은 영혼이 쉽게 악에 빠지지 않는 영혼의 평화로운 상태입니다.

37. 사랑의 열매를 맺기 위해 애써 온 사람은 천 가지 재앙을 당해도 사랑하기를 그치지 않을 것입니다. 그리스도의 제자 스데반과 그와 비슷한 사람들을 보고 이러한 진리를 확인하십시오(사도행전 7:60 참조). 우리 주님은 당신

을 죽이는 자들을 위해 친히 기도하셨으며, 그들이 자기들이 하고 있는 일을 알지 못하므로 용서해 달라고 아버지께 간구하셨습니다(누가복음 23:34 참조).

38. 사랑이 오래 참고 온유하다면(고린도전서 13:4 참조), 다투기를 좋아하고 악의적인 사람은 분명히 스스로 사랑에서 멀어집니다. 그리고 사랑에서 멀어진 사람은 하나님에게서 멀어집니다. 왜냐하면, 하나님은 사랑이시기 때문입니다.

39. "당신이 여호와의 성전이라고 부르지 말라"(예레미야 7:4 참조)라고 예레미야는 기록합니다. 또한, 우리 주 예수 그리스도를 믿는 믿음만이 당신을 구원할 수 있다고 말하지도 마십시오. 당신의 행함을 통해 하나님을 향한 사랑을 얻지 않는 한, 이것은 불가능한 일이기 때문입니다. 믿음 자체에 대해서는 "귀신들도 믿고 떠느니라"(야고보서 2:19)라고 말씀하고 있습니다.

40. 우리는 진정으로 이웃의 선을 바라고 물질적인 것들을 올바르게 사용함으로써, 우리 이웃을 향한 관용과 인내 안에서 사랑을 적극적으로 나타냅니다.

41. 하나님을 사랑하는 사람은 덧없는 일들로 인해 누구를 근심하게 하지도 않고 그 사람과 더불어 근심하지도

않습니다. 그가 고통을 받거나 다른 사람에게 고통을 가하는 것은 단지 한 가지 종류의 고통밖에 없습니다. 복된 바울이 겪었고, 그가 고린도 사람들에게 가했던 유익한 고통이 그것입니다(고린도후서 7:8-11 참조).

42. 하나님을 사랑하는 자는 금식하고 철야하고, 기도하고 시편을 낭송하며, 항상 모든 사람의 유익을 생각하면서 지상에서 천사와 같은 삶을 삽니다.

43. 어떤 것을 원하는 사람은 그것을 얻기 위해 온갖 노력을 다합니다. 하지만 선하고 바람직한 모든 것 중에서 신성한 것이 비교할 수 없이 좋고 바람직합니다. 그렇다면 우리는 본성적으로 선하고 바람직한 것을 얻기 위해 부지런히 힘을 써야 합니다.

44. 부끄러운 행위로 육체를 더럽히지 말고, 악한 생각들로 당신의 영혼을 오염시키지 마십시오. 그렇게 하면, 하나님의 평강이 당신에게 임하고 사랑을 가져다줄 것입니다.

45. 금식하고 철야함으로 육신을 괴롭게 하고, 쉬지 말고 찬송과 기도에 힘쓰십시오. 그러면 절제라는 거룩하게 하는 은사가 당신에게 임하여 사랑을 가져다줄 것입니다.

46. 신성한 지식을 부여받고, 사랑을 통해서 그 지식의 조명을 받은 사람은 결코 자만심의 마귀에게 이리저리 휩쓸리지 않을 것입니다. 하지만 아직 그러한 지식을 얻지 못한 사람은 이런 마귀에게 쉽사리 굴복하게 될 것입니다. 하지만 자기가 하는 모든 일에 계속해서 하나님께 시선을 고정하고 모든 일을 오직 그분을 위해 행한다면, 하나님의 도우심으로 머지않아 마귀에게서 피할 수 있을 것입니다.

47. 아직 사랑으로 힘을 얻어 신성한 지식을 획득하지 못한 사람은 자신의 영적 진보를 자랑스럽게 생각합니다. 하지만 그러한 지식을 부여받은 사람은 족장 아브라함이 하나님이 나타나셨을 때 했던 말을 깊은 확신을 가지고 반복합니다. "나는 티끌과 재입니다"(창세기 18:27).

48. 주님을 경외하는 사람은 겸손을 변함없는 동반자로 삼고, 겸손이 불러일으키는 생각들을 통해 거룩한 사랑과 감사의 상태에 도달합니다. 이전의 세속적인 생활 방식과 자기가 범했던 여러 죄와 어려서부터 빠졌던 시험을 회상하기 때문입니다. 그는 또한 주님께서 어떻게 이 모든 일에서 자기를 건지셨으며, 주님이 어떻게 정욕이 지배하는 삶에서 하나님이 다스리시는 삶으로 인도하셨

는지를 회상합니다. 그런 다음에 경외와 더불어 사랑을 받아들이고, 깊은 겸손함으로 우리의 삶의 은인이자 조타수가 되시는 하나님께 끊임없이 감사를 드립니다.

49. 분노와 감각적인 열망으로 가득 찬 생각에 집착해 당신의 지성을 더럽히지 마십시오. 그렇지 않으면, 순수한 기도를 드릴 능력을 상실하고, 나태함이라는 마귀의 희생양이 될 것입니다.

50. 지성이 악과 야비한 생각들과 연결될 때, 하나님과의 친밀한 교제를 상실합니다.

51. 정욕의 공격을 받는 어리석은 사람은 분노가 일어날 때 분별없이 자기 형제들을 떠나도록 부추김을 받습니다. 그러나 욕망으로 뜨거워지면, 그는 신속하게 마음을 바꾸어 그들과 함께 있기를 추구합니다. 지성적인 사람은 두 경우 모두 다르게 행동합니다. 분노가 치솟을 때, 그는 혼란의 근원을 제거하고, 형제들에 대한 성난 감정으로부터 자신을 스스로 해방시킵니다. 욕망이 극에 달할 때, 그는 무절제한 모든 충동을 중단시키고 대화의 기회를 찾습니다.

52. 시련이 닥칠 때 수도원을 떠나지 말고, 당신에게 밀려오는 생각들, 특히 짜증과 무기력함 같은 생각에 담대

하게 맞서도록 하십시오. 하나님의 섭리에 따라 이런 식으로 환난으로 시험을 당할 때, 하나님 안에서 당신의 소망이 견고하고 확고해지기 때문입니다. 하지만 수도원을 떠난다면, 당신이 무가치하고 비굴하고 변덕스러운 사람이라는 사실을 보여주게 될 것입니다.

53. 하나님의 사랑에서 멀어지지 않으려면 형제가 당신에게 화가 난 채로 잠자리에 들게 하지 말고, 당신 자신이 그에게 화가 난 채로 잠자리에 들지 마십시오. 당신의 형제와 화해한 후에 깨끗한 양심으로 그리스도께 나아와, 진심 어린 기도 가운데 사랑의 예물을 그분에게 바치십시오(마태복음 5:24 참조).

54. 사도 바울은 우리가 성령의 모든 은사를 가지고 있더라도, 사랑이 없으면 더 앞으로 나아갈 수 없다고 말합니다(고린도전서 13:2). 그렇다면, 우리는 이 사랑을 얻기 위해 얼마나 열심히 노력해야겠습니까?

55. 만일 "사랑이 우리가 우리 이웃에 해를 끼치지 못하도록"(로마서 13:10) 한다면, 형제를 질투하거나 그의 명성에 화를 내며 값싼 험담으로 그의 명예를 훼손하거나 어떤 식으로든 그를 대항하여 악의적인 음모를 꾸미는 사람은, 분명히 스스로 사랑에서 멀어지며 영원한 심판을

직면할 때 유죄를 선고받게 됩니다.

56. "사랑이 율법의 완성이라면"(로마서 13:10), 이웃에 대한 원한으로 가득하고, 그를 잡으려고 덫을 놓고 저주하며, 그가 실족함을 보고 기뻐하는 사람은 영원한 형벌을 받아 마땅한 죄인임이 틀림없습니다.

57. "형제를 비방하고 판단하는 자는 율법을 비방하며 율법을 판단하는"(야고보서 4:11) 자입니다. 그리스도의 법이 사랑이라면, 그리스도의 사랑을 비방하는 사람은 분명히 그리스도의 사랑에서 멀어지고 그 자신의 멸망을 초래하게 됩니다.

58. 이웃이 입은 손해에 대한 험담에 신이 나서 귀를 기울이거나 책잡기를 좋아하는 사람과 수다를 떨지 마십시오. 그렇지 않으면, 당신은 하나님의 사랑에서 멀어지고 영생에서 끊어지게 될 것입니다.

59. 누구든지 당신의 영적인 아버지를 욕하도록 허락하거나, 그를 모욕하도록 사람을 부추기지 마십시오. 그렇지 않으면, 여호와께서 당신의 행위에 진노하셔서 산 자의 땅에서 당신을 멸하실 것입니다(신명기 6:15 참조).

60. 당신이 듣는 자리에서 비방하는 사람을 침묵하게 하십시오. 그렇지 않으면, 당신은 두 번 죄를 범하게 됩니

다. 첫째는 이 치명적인 정욕에 익숙해지는 것이고, 둘째는 그 사람이 이웃을 비방하는 것을 막지 못한 것입니다.

61. "그러나 내가 너희에게 이르노니 너희 원수를 사랑하라…. 너희를 미워하는 자를 선대하고 너희를 학대하는 자를 위하여 기도하라"(마태복음 5:44). 주님이 이렇게 명령하신 이유가 무엇입니까? 미움과 성냄, 분노와 원한에서 벗어나 당신을 완전한 사랑이라는 최고의 선물을 받기에 합당하게 만드시기 위해서입니다. 당신이 하나님을 본받지 않고 모든 사람을 동등하게 사랑하지 않으면, 그러한 사랑을 얻을 수 없습니다. 하나님은 모든 사람을 동등하게 사랑하시고, 그들이 "구원을 받고 진리를 아는 데에 이르기"(디모데전서 2:4)를 원하시기 때문입니다.

62. "나는 너희에게 이르노니 악한 자를 대적하지 말라, 누구든지 네 오른편 뺨을 치거든 왼편도 돌려대며, 또 너를 법정에서 고발해 속옷을 가지고자 하는 자에게 겉옷까지도 가지게 하며, 또 누구든지 너로 억지로 오 리를 가게 하거든 그 사람과 십 리를 동행하라"(마태복음 5:39-41). 이렇게 말씀하신 이유는 무엇입니까? 당신을 분노와 성냄에서 벗어나게 하시고, 당신의 관용으로 상대방을 바로잡아, 선한 아버지처럼 그분이 당신들 두 사람을 사

랑의 멍에 아래 있게 하시기 위해서입니다.

63. 우리는 우리가 경험했던 것들에 관한 정욕적인 이미지들을 지니고 다닙니다. 우리가 이러한 이미지들을 극복할 수 있다면, 그것들이 드러내는 사물들에 무관심해질 것입니다. 사물들에 관한 생각과 싸우는 것이 사물들 자체와 싸우는 것보다 훨씬 더 어렵기 때문입니다. 그것은 마치 마음으로 죄를 범하는 것이 외적인 행동으로 죄를 범하는 것보다 더 쉬운 것과 같습니다.

64. 육신과 관련된 정욕이 있는가 하면, 영혼과 관련된 정욕도 있습니다. 전자는 육신이 원인이 되고, 후자는 외적인 대상이 원인이 됩니다. 사랑과 절제는 이 두 가지 정욕을 모두 극복하는데, 사랑은 영혼의 정욕을 억제하고, 절제는 육신의 정욕을 억제합니다.

65. 영혼의 분개하는 힘에 속한 정욕들이 있는가 하면, 영혼의 갈망하는 측면과 관련된 정욕들도 있습니다. 두 종류의 정욕들 모두 감각들을 통해 일어납니다. 그 정욕들은 영혼에 사랑과 절제가 부족할 때 일어납니다.

66. 영혼의 분개하는 힘에 속한 정욕은 갈망하는 측면에 속한 정욕보다 대적하기가 더 어렵습니다. 결과적으로, 우리 주님은 그 정욕들에 대항할 수 있도록 더 강력한 해

결책을 제공해 주셨습니다. 사랑의 계명이 바로 그것입니다.

67. 망각과 무지와 같은 정욕들은 영혼의 세 가지 측면, 즉 분개하는 측면, 갈망하는 측면, 지성적인 측면 중 하나에 영향을 미치는데, 무기력함 만으로도 영혼의 모든 힘이 통제되고 거의 모든 정욕이 동시에 일어날 수 있습니다. 그런 이유로 이 정욕은 다른 모든 정욕보다 더 심각합니다. 따라서 우리 주님은 "너희의 인내로 말미암아 너희 영혼을 얻게 될 것이라"(누가복음 21:19)라고 말씀하심으로, 그것에 대한 탁월한 치료법을 우리에게 제공해 주셨습니다.

68. 형제가 고통을 견디지 못하고 수도원을 떠나게 될 때, 특별히 이유 없이 형제 중에 누구도 때리지 마십시오. 그러면, 당신은 절대로 양심의 가책을 피할 수 없을 것이기 때문입니다. 그것은 기도할 때마다 당신에게 고통을 가져다주고, 당신의 지성을 하나님과의 친밀한 교제에서 멀어지게 할 것입니다.

69. 당신을 기분 상하게 하는 모든 의심과 모든 사람을 피하십시오. 의도했든 의도하지 않았든 간에, 어떤 일로 마음이 상한다면 당신은 화평의 길을 알지 못하게 됩니

다. 그 길은 사랑을 통해 신적인 지식을 사랑하는 사람들을 하나님에 대한 지식으로 이끕니다.

70. 사람들에 대한 당신의 태도가 여전히 그들의 성격에 의해 좌우된다면, 당신은 아직도 완전한 사랑을 얻지 못한 것입니다. 예를 들어, 어떤 특정한 이유로 당신이 한 사람은 사랑하고 다른 사람은 미워하거나, 또는 같은 이유로 동일한 사람을 때로는 사랑하고 때로는 미워하는 경우가 그렇습니다.

71. 완전한 사랑은 모든 사람에게 공통적인 단일한 인간의 본성을 다양한 개인적 특성에 따라 분리하지 않습니다. 오히려 이러한 단일한 본성에 항상 주의를 기울이며, 모든 사람을 동등하게 사랑합니다. 그것은 선한 사람은 친구로 사랑하고 악한 사람은 적으로 사랑하며, 그들을 도와주고, 관용을 베풀며, 그들이 무슨 일을 하든지 인내로 받아들이며, 악을 전혀 염두에 두지 않고, 기회가 주어질 때 그들을 대신해 고난을 받습니다. 그래서 가능한 경우에 그들 역시 친구가 됩니다. 사랑은 이런 일이 일어나지 않더라도, 그 태도를 바꾸지 않습니다. 그리고 계속해서 모든 사람에게 똑같이 사랑의 열매들을 보여줍니다. 우리 주 하나님 예수 그리스도께서 우리를 향한 그분

의 사랑을 보여주시면서 온 인류를 위하여 고난을 받으시고, 모든 사람에게 동일한 부활의 소망을 주신 것도 바로 이런 이유 때문이었습니다. 각 사람이 영광을 받을 것인지 또는 형벌을 받을 것인지가 자신에게 달려 있음에도 불구하고 말입니다.

72. 명성과 불명예, 부와 가난, 쾌락과 괴로움에 무관심하지 않다면, 당신은 아직 온전한 사랑을 얻지 못한 것입니다. 완전한 사랑은 이런 것들뿐 아니라 심지어 덧없는 이생의 삶과 죽음에도 무관심하기 때문입니다.

73. 완전한 사랑을 허락받은 사람들의 말에 귀를 기울이십시오. "누가 우리를 그리스도의 사랑에서 끊으리요, 환난이나 곤고나 박해나 기근이나 적신이나 위험이나 칼이랴? 기록되었으되, '우리가 당신을 위하여 종일 죽임을 당하게 되며, 도살할 양같이 여김을 받았나이다'(시편 44:22) 함과 같으니라. 그러나 이 모든 일에 우리를 사랑하시는 그분을 통해 우리가 넉넉히 이기느니라. 내가 확신하노니 사망이나 생명이나 천사들이나 정사들이나 권세나 현재 것이나 장래 것이나 높음이나 깊음이나 다른 어떤 피조물이라도 우리를 우리 주 그리스도 예수 안에 있는 하나님의 사랑에서 끊을 수 없느니라"(로마서 8:35-39).

신적인 사랑에 관해서 이렇게 말하고 행동하는 사람은 모두 성인입니다.

74. 이제 그들이 이웃 사랑에 관해 말하는 바에 귀를 기울이십시오. "내가 그리스도 안에서 참말을 하고 거짓말을 아니하노라. 나에게 큰 근심이 있는 것과 마음에 그치지 않는 고통이 있는 것을 내 양심이 성령 안에서 나와 더불어 증언하노니, 나의 형제 곧 골육의 친척(육체를 따르면 이스라엘 사람들)을 위하여 내 자신이 저주를 받아 그리스도에게서 끊어질지라도 원하는 바로라"(로마서 9:1-3). 모세와 다른 성인들도 비슷한 방식으로 말하고 있습니다.

75. 명성과 쾌락, 그리고 그것들로 인해서 존재하고 늘어나는 재물에 대한 사랑에 무관심하지 않은 사람은 분노를 일으키는 기회들을 제거할 수 없습니다. 그리고 이런 기회들을 제거하지 않는 사람은 완전한 사랑을 얻을 수 없습니다.

76. 겸손과 금욕적인 고행은 우리를 모든 죄에서 해방시켜 줍니다. 겸손은 영혼의 정욕을, 금욕적인 고행은 육신의 정욕을 제거하기 때문입니다. 이것은 복된 다윗이 "나의 겸손과 수고를 보시고, 내 모든 죄를 사하여 주옵소서"(시편 25:18)라고 말하면서 하나님께 기도했을 때 지적

한 것입니다.

77. 우리가 계명을 지킬 때, 주님은 우리가 감정에 좌우되지 않게 만들어 주십니다. 그리고 그분은 자신의 신성한 가르침을 통해서 우리에게 영적 지식의 빛을 비춰 주십니다.

78. 그러한 모든 가르침은 하나님에 관한 것이거나, 보이는 것과 보이지 않는 것, 그뿐만 아니라 그것들과 연관된 섭리와 심판에 관한 것입니다.

79. 자선은 영혼의 분개하는 힘을 치유합니다. 금식은 육욕을 시들게 합니다. 기도는 지성을 정화하고, 지성이 피조물들을 관상할 수 있도록 준비시켜 줍니다. 이는 주님께서 영혼의 능력들에 상응하는 계명들을 우리에게 주셨기 때문입니다.

80. "나는 마음이 온유하고 겸손하니, 내게 배우라"(마태복음 11:29). 온유함은 영혼의 분개하는 힘을 차분한 상태로 유지해 줍니다. 겸손은 오만과 자부심에서 지성을 자유롭게 해줍니다.

81. 하나님을 경외하는 것에는 두 종류가 있습니다. 첫 번째 경외는 형벌의 위협 때문에 우리 안에 생성됩니다. 우리가 절제와 인내, 하나님 안에 있는 소망, 그리고 무

정념을 합당한 순서로 발전시키는 것은 바로 그런 경외를 통해서입니다. 그리고 사랑은 바로 무정념으로부터 임합니다. 두 번째 종류의 경외는 사랑과 연결되며, 영혼 안에서 끊임없이 공경함을 만들어 냅니다. 그 결과로, 사랑의 친밀한 교제 때문에 하나님께 무관심해지지 않습니다.

82. 첫 번째 종류의 경외는 영혼이 온전한 사랑을 얻어서 다시는 형벌을 두려워하지 않게 될 때, 완전한 사랑에 의해 추방됩니다(요한1서 4:18 참조). 두 번째 종류의 경외는 이미 언급했듯이, 항상 완전한 사랑과 결합되어 드러납니다. 첫 번째 종류의 경외는 다음 두 구절에서 언급되어 있습니다. "사람이 여호와를 경외함으로 인하여 악을 피하나니"(잠언 16:6), "여호와를 경외함이 지혜의 근본이니라"(시편 111:10). 두 번째 종류의 경외는 다음 구절에 언급되어 있습니다. "여호와를 경외하는 것은 정결하여 영원토록 있느니라"(시 19:9, 칠십인경)와 "여호와를 경외하는 자는 부족함이 없으리로다"(시 34:10, 칠십인경)라는 말씀입니다.

83. "그러므로 네 안에 있는 세상적인 것은 무엇이든지 죽이라. 곧 음란과 부정과 정욕과 사악한 열망과 탐심이

니라"(골 3:5). 세상은 사도 바울이 육체의 의지에 붙인 이름입니다. 음란은 실제로 죄를 범하는 것을 언급합니다. 부정은 그가 죄에 동의하는 것을 지칭하는 방법입니다. 정욕은 정욕에 물든 생각을 일컫는 용어입니다. 사악한 열망이란 생각과 열망을 받아들이는 단순한 행위를 의미합니다. 그리고 탐심은 정욕을 불러일으키고 촉진하는 것을 이르는 이름입니다. 사도 바울은 이 모든 길들이 육신의 의지를 표현하는 '측면들'이므로 우리에게 죽이라고 명합니다.

84. 우선 기억은 정욕에서 자유로운 생각들을 지성 안에 불러일으킵니다. 지성이 생각 안에 머물러 있음으로써 정욕이 일어납니다. 정욕이 뿌리 뽑히지 않을 때, 정욕은 지성을 설득해 자기에게 동의하게 만듭니다. 일단 이러한 동의가 부여되면, 그때 실제적인 죄가 범해집니다. 그러므로 사도 바울은 이교에서 개종한 사람들에게 편지를 쓸 때, 그들이 먼저 실제적인 죄를 제거한 다음에, 체계적으로 그 원인을 해결하라고 지혜롭게 지시합니다. 이미 언급했듯이, 죄의 원인은 정욕을 생성하고 촉진하는 탐욕입니다. 이러한 경우에, 탐욕은 탐식을 의미한다고 생각하는데, 이것이 음행의 어미이고 유모이기 때문입니

다. 절제가 음식과 소유물 모두에 관련되는 것과 마찬가지로, 탐욕은 소유와 관련된 죄일 뿐만 아니라 음식과 관련된 죄이기도 합니다.

85. 다리가 묶인 참새는 날려고 할 때, 끈에 붙들려 땅으로 끌려 내려옵니다. 마찬가지로, 아직 무정념을 얻지 못한 지성은 천상의 지식을 향해 날아오르려 할 때, 정욕에 붙들려 땅으로 끌려 내려옵니다.

86. 일단 정욕에서 완전히 벗어난 지성은 아무 방해 없이 피조물들에 대한 관상으로 나아가며, 거룩한 삼위일체에 대한 지식을 향해 나아갑니다.

87. 순수한 상태에 있는 지성은 사물들에 대한 개념적인 이미지들을 받아들이는 순간 그것들을 영적으로 관상하기 시작합니다. 하지만 지성이 나태함 때문에 더럽혀지면, 그 개념적 이미지들은 일반적으로 정욕에서 벗어날 수 있지만, 사람들과 관련된 이미지들은 지성 안에 수치스럽고 사악한 생각들을 산출해 냅니다.

88. 기도하는 동안 세속적인 것에 대한 어떤 개념적 이미지가 지성을 방해하지 않는다면, 그것으로 당신이 무정념의 영역 안에 있음을 알 수 있습니다.

89. 일단 영혼이 스스로 건강하다고 느끼기 시작하면,

꿈속의 이미지들 역시 평온하며, 정욕으로부터 자유로워집니다.

90. 육신의 눈이 보이는 사물들의 아름다움에 끌리는 것처럼, 정화된 지성은 보이지 않는 것들에 대한 지식에 끌립니다. 보이지 않는 것들은 무형의 것들을 의미합니다.

91. 물질적인 것들로 인해 정욕이 일어나지 않는 것은 이미 대단한 일입니다. 그러한 사물에 대한 정신적인 이미지들이 드러났을 때 무정념의 상태를 유지하는 것은 더욱 그렇습니다. 마귀들이 생각들을 사용해 우리에게 걸어오는 싸움은 사물들을 수단으로 걸어오는 싸움보다 훨씬 더 치열하기 때문입니다.

92. 덕을 획득하는 데 성공했고 영적인 지식이 풍부한 사람은 사물의 참된 본질을 분명히 파악합니다. 따라서 그는 모든 일에 합당한 방식으로 말하고 행동하며, 절대 미혹되지 않습니다. 우리는 사물을 옳거나 그르게 사용함에 따라서, 선하거나 악하게 되기 때문입니다.

93. 육신이 깨어 있든 자고 있든 간에, 마음속에서 지속적으로 떠오르는 개념적 이미지가 정욕에서 벗어나 있다면, 우리는 무정념의 가장 높은 경지에 이르렀음을 알 수 있습니다.

94. 지성은 계명을 성취함으로써 그 자체로부터 정욕을 벗어 버립니다. 또한, 지성은 눈에 보이는 것들에 대한 영적인 관상을 통해서, 그런 것들에 대한 정욕에 물든 개념들을 떨쳐 버립니다. 지성은 보이지 않는 것들에 대한 지식을 통해서 보이는 것들에 대한 관상을 벗어버립니다. 마침내 지성은 성 삼위일체에 대한 지식을 통해서 심지어 그 자체를 벗어버립니다.

95. 태양이 떠올라서 온 세상에 빛을 비출 때, 태양은 자신과 자신이 비추는 사물을 모두 드러냅니다. 마찬가지로, 의의 태양이 순수한 지성 안에서 떠오를 때, 그분은 그분 자신과 그분으로 인해 존재하게 되었고 존재하게 될 모든 것의 내적 원리를 보여 주십니다.

96. 우리는 하나님의 본질로부터 그분을 알 수 없습니다. 우리는 오히려 하나님의 웅장한 창조와 모든 피조물을 돌보시는 그분의 섭리에서 그분을 알 수 있습니다. 우리는 피조물을 통해서, 마치 거울로 보는 것처럼, 하나님의 무한한 선하심과 지혜와 능력에 대한 통찰을 얻을 수 있습니다.

97. 순수한 지성은 인간사에 대한 정욕에서 자유로운 개념적 이미지들, 또는 보이는 것들이나 보이지 않는 것들

에 대한 자연적인 관상, 또는 성 삼위일체의 빛에 사로잡혀 있습니다.

98. 지성은 눈에 보이는 것을 관상할 때 관여하여, 이러한 사물들이 갖는 자연적 원리들 또는 그것이 반영하는 영적 원리들을 찾아내거나, 또는 그 원리들의 근본적 원인을 찾습니다.

99. 지성은 눈에 보이지 않는 것들에 대한 관상에 몰두할 때, 그것들과 관련된 섭리적 질서와 판단뿐만 아니라 자연적 원리들과 그 발생 원인, 그리고 그와 관련된 모든 것들을 추구합니다.

100. 지성이 하나님 안에 확립되면, 처음에는 그분의 본질이 지닌 원칙들을 발견하기를 열렬히 갈망합니다. 그러나 하나님의 가장 깊은 본성은 그러한 조사를 허용하지 않습니다. 하나님의 본성은 창조된 모든 것들의 능력을 초월하기 때문입니다. 그러나 지성은 하나님의 본성과 관련된 특성들에 접근할 수 있습니다. 내가 의미하는 것은 영원하심과 무한하심, 불확실성, 선하심과 지혜로우심, 그리고 피조물을 창조하고 보존하고 심판하시는 능력과 같은 특성들입니다. 그러나 이런 특성들 중에서 완전하게 파악될 수 있는 것은 무한하심뿐입니다. 그리

고 '아무것도 알 수 없다'는 바로 그런 사실이 신학자들인 나지안주스의 그레고리(Gregorius of Nazianzus)와 디오니시우스가 말한 것처럼 지성을 능가하는 지식인 것입니다.

101-200

1. 진정으로 하나님을 사랑하는 사람은 전적으로 산만함이 없이 기도하며, 전적으로 산만함이 없이 기도하는 사람은 하나님을 진정으로 사랑합니다. 하지만 지성이 여하한 세속적인 것에 고정된 사람은 산만함이 없이 기도하지 않으며, 따라서 그는 하나님을 사랑하지 않습니다.

2. 감각적인 사물들과 어울리는 지성은 분명히 욕망과 성냄, 분노와 원한 같은 정욕에 애착되어 있으며, 그러한 사물로부터 분리되지 않는 한, 지성은 자기에게 영향을 끼치는 정욕에서 벗어날 수 없습니다.

3. 정욕들이 지성을 지배할 때, 지성을 하나님에게서 분리하고, 그것을 물질적인 것에 묶어 두며, 정욕에 몰두하게 만듭니다. 하지만 하나님을 향한 사랑이 지성을 지배할 때, 지성을 그 속박에서 해방시키며, 감각적인 것들뿐 아니라 심지어 이 덧없는 삶을 초월하게 만듭니다.

4. 계명들을 지키는 결과는 사물들에 대한 우리의 개념적 이미지들을 정욕에서 해방시켜 주는 것입니다. 영적

독서와 관상의 결과는 지성을 형태와 물질로부터 분리해 주는 것입니다. 이것이 산만하지 않은 기도를 일으키는 것입니다.

5. 다양한 연속적인 영적 관상들이 지성을 차지하지 않는 한, 덕들을 실천하는 것 자체로는 지성을 정욕에서 완전히 해방시켜 산만함이 없이 기도하게 할 수 없습니다. 덕들을 실천하는 것은 지성을 단지 방탕과 증오에서 해방시켜 줄 뿐입니다. 영적 관상은 지성을 망각과 무지에서 해방시켜 줍니다. 이런 식으로 지성은 올바르게 기도할 수 있습니다.

6. 순수한 기도의 두 가지 상태는 다른 모든 상태보다 고귀합니다. 하나는 덕의 실천을 넘어서 진보하지 못한 사람들에게서 찾아볼 수 있으며, 다른 하나는 관상적인 삶(contemplative live)을 살아가는 사람들에게서 찾아볼 수 있습니다. 첫 번째 상태는 하나님에 대한 경외심과 그분에 대한 확고한 소망으로 인해 영혼 안에서 발생하며, 두 번째 상태는 하나님에 대한 강렬한 갈망과 완전한 정화로 인해 발생합니다. 첫 번째 상태의 징후(徵候)는 지성이 세상에 대한 모든 개념적 이미지를 버리고, 마치 하나님 자신이 실제로 임재하고 계신 것처럼, 산만함이나 방

해 없이 집중해서 기도하는 것입니다. 두 번째 상태의 징후는 기도를 이제 막 시작할 때에 지성이 신성하고 무한한 빛에 도취한 나머지 자신이나 다른 어떤 피조물을 의식하지 못하고, 오직 사랑을 통해서 그 안에 그러한 광채를 활성화하신 그분만을 인식하는 것입니다. 그때 지성은 하나님의 속성들을 인식할 수 있게 되고, 그 결과로, 하나님에 대한 명확하고 뚜렷한 이미지들을 받게 됩니다.

7. 사람은 자신이 사랑하는 것에 필연적으로 집착하며, 그것을 잃지 않기 위해서 그것을 가로막는 모든 것을 거부합니다. 그러므로 하나님을 사랑하는 사람은 순수한 기도를 함양하고 그것을 가로막는 모든 정욕을 몰아냅니다.

8. 정욕들의 근원인 자기애를 몰아내는 사람은 하나님의 도우심을 받아 자신으로부터 분노와 성냄, 원한 등과 같은 다른 정욕들도 쉽게 몰아낼 것입니다. 하지만 자기애의 지배를 받는 사람은 심지어 자기 의지에 반해 다른 정욕에 압도됩니다. 자기애는 육신에 집착하는 정욕입니다.

9. 사람들은 다음과 같은 다섯 가지 이유로 서로를 칭

찬이나 비난을 받을 만하게 서로를 사랑합니다. 첫째로, 하나님 때문에 사랑하는데, 이는 덕스러운 사람이 모든 사람을 사랑하고, 아직 덕스럽지 못한 사람이 덕스러운 사람을 사랑하는 경우와 같습니다. 둘째로, 본성적으로 사랑하는데, 이는 부모가 자신들의 자녀를, 그리고 자녀들이 자신들의 부모를 사랑하는 것과 같습니다. 셋째로, 자부심 때문에 사랑하는데, 칭찬을 받는 사람이 그를 칭찬하는 사람을 사랑하는 것과 같습니다. 넷째로, 탐욕 때문에 사랑하는데, 이는 부자로부터 유익을 얻기 위해 그를 사랑하는 것과 같습니다. 다섯째로, 방종 때문에 사랑하는데, 이는 자신의 배와 생식기를 섬기는 사람과 같습니다. 이 중에서 첫 번째는 칭찬할 만하고, 두 번째는 중간에 속하며, 나머지 세 가지는 정욕의 지배를 받습니다.

10. 만일 당신이 미워하는 사람들이 있고, 사랑하지도 않고 미워하지도 않는 사람이 있고, 매우 사랑하는 사람이 있고, 단지 적당히 사랑하는 사람이 있다면, 당신의 사랑이 이처럼 불균등하다는 사실로부터 당신이 완전한 사랑과는 거리가 멀다는 사실을 깨달으십시오. 완전한 사랑은 모든 사람을 동등하게 사랑함을 전제로 하기 때문입니다.

11. "악을 버리고 선을 행하라"(시편 34:14). 다시 말해서, 정욕을 감소시키기 위해서 원수와 싸우고, 그리고 나서 다시 정욕들이 증가하지 않도록 바짝 경계하십시오. 또한, 덕들을 얻기 위해 싸우고, 그리고 나서 덕들을 지키기 위해 경계하십시오. 이것이 함양하고 지킨다는 말의 의미입니다(창세기 2:15 참조).

12. 우리를 시험하도록 하나님의 허락을 받은 사람들은 영혼의 갈망하는 측면에 불을 붙이거나, 분개하는 힘을 일으키거나, 그 지성을 어둡게 하거나, 고통으로 육신을 감싸거나, 우리로부터 육신에 필요한 것들을 박탈합니다.

13. 마귀들은 그들 스스로 우리를 시험하거나 여호와를 경외하지 아니하는 자들을 무장시켜 우리를 공격하게 합니다. 마귀들은 광야에서 우리 주님을 시험한 것처럼 우리가 인간 사회에서 물러날 때 그들 스스로 우리를 시험합니다. 마귀들은 바리새인들을 통해서 우리 주님을 시험한 것처럼, 우리가 다른 사람들과 함께 시간을 보낼 때 그들을 통해 우리를 시험합니다. 마귀들이 어떤 측면에서 우리를 공격하든 간에, 주님의 모범에 우리의 시선을 고정해 그들을 물리치도록 합시다.

14. 지성이 하나님에 대한 사랑이라는 면에서 진보하기 시작할 때, 참람(僭濫)한 마귀는 인간들이 아니라 그들의 아비인 마귀만이 날조할 수 있는 생각들을 제안함으로써 지성을 유혹하기 시작합니다. 마귀가 이렇게 하는 것은 시기심 때문인데, 하나님의 사람이 절망 중에 그런 생각을 함으로써 그에게 친숙한 기도를 통해 하나님께 더 이상 솟아오르지 못하게 하기 위해서입니다. 하지만 마귀는 이런 수단으로 자신의 목표를 더 진척시키지 못합니다. 오히려 마귀는 우리를 더욱 견고하게 만듭니다. 마귀의 공격과 우리의 보복을 통해서, 우리의 경험이 더 풍부해지고, 하나님을 향한 우리의 사랑이 더 진실해지기 때문입니다. 마귀의 칼이 그 자신의 심장을 찌르고 그 활이 부러지게 되기를 기원합니다(시편 37:15 참조).

15. 지성은 눈에 보이는 세계로 주의를 돌릴 때, 감각이라는 매개체를 통해 본성과 일치하는 방식으로 사물들을 인식합니다. 지성은 악하지 않습니다. 사물에 대한 개념적 이미지를 형성하는 지성의 본성적인 기능도 악하지 않습니다. 사물들 자체도 악하지 않으며, 감각도 악하지 않습니다. 이 모든 것이 하나님의 작품이기 때문입니다. 그렇다면 무엇이 악합니까? 분명히 그것은 지성이 본성

에 따라 형성하는 개념적 이미지들 안에 들어오는 정욕입니다. 지성이 경계를 늦추지 않는다면, 이런 일은 일어날 필요가 없습니다.

16. 정욕은 어떤 사람이나 어떤 감각적인 사물에 대한 분별 없는 사랑이나 어리석은 증오의 경우에서처럼 본성에 반하는 영혼의 충동입니다. 사랑에 관해 말하자면, 정욕은 불필요한 음식이나 여인이나 돈이나 덧없는 영광이나 다른 감각적인 대상들, 또는 그들 자신 때문에 일어날 수 있습니다. 증오에 관하여 말하자면, 정욕은 위에서 언급된 것들 중에 어떤 것, 또는 이러한 것들 때문에 어떤 사람을 미워하기 때문일 수 있습니다.

17. 다시 말하지만, 악덕은 사물들에 대한 개념적 이미지들을 잘못 사용하는 것인데, 그것은 사물들 자체를 오용하게 만듭니다. 예를 들어, 여인과 관련하여 바르게 사용된 성관계는 자녀를 낳는 것을 목적으로 합니다. 그러므로 성관계에서 오직 관능적인 쾌락만을 추구하는 사람은 그것을 그릇되게 사용하는 것입니다. 선하지 않은 것을 선한 것으로 여기기 때문입니다. 그런 사람은 여인과 성관계를 가질 때, 그 여인을 오용합니다. 이것은 사물들과 사물들에 대한 개념적 이미지들에도 해당됩니다.

18. 마귀들이 당신의 지성에서 절제를 몰아내고 음란한 생각으로 당신을 에워쌀 때, 주님께로 돌이켜 이렇게 눈물로 기도하십시오. "이제 그들이 나를 쫓아냈고, 나를 에워 쌓았나이다"(시편 17:11, 칠십인경). "당신은 나의 최상의 기쁨이시니, 나를 둘러쌓고 있는 자들로부터 나를 구원하소서"(시편 32:7, 칠십인경). 그러면, 당신은 안전할 것입니다.

19. 음란의 마귀는 강력하며, 정욕과 싸우는 사람들을 맹렬하게 공격합니다. 그들이 음식과 관련된 문제들에 엄격하지 않거나, 여인을 자주 만나는 경우에 특히 그렇습니다. 그는 감각적인 쾌락이라는 음란함을 가지고 은밀하게 지성에 스며들어 와서, 기억을 사용하여 헤시카스트[Hesychast, 일종의 신비적 정적주의자]를 박해하고, 그의 육신을 불붙게 만들고, 다양한 형태의 생각들을 지성에게 제시합니다. 이런 식으로 마귀는 그로 하여금 죄에 동의하게 만듭니다. 이러한 생각들이 당신 안에 머무는 것을 원치 않는다면, 다시금 금식과 노동과 철야, 그리고 열정적인 기도와 함께 복된 정적으로 돌아가십시오.

20. 우리의 영혼을 손에 넣으려고 항상 애를 쓰는 사람들은 정욕적인 생각들을 사용하여 영혼으로 하여금 마음

이나 행동으로 죄를 범하도록 몰아갑니다. 결과적으로, 우리의 지성이 반응을 나타내지 않을 때, 그들은 망신과 수치를 당하게 될 것입니다. 그리고 지성이 영적인 관상으로 충만한 것을 볼 때, 그들은 "돌이켜 갑자기 부끄러워질"(시편 6:10) 것입니다.

21. 영적인 싸움을 위해 자신의 지성에 기름을 붓고, 모든 정욕적인 생각을 지성으로부터 몰아내는 사람은 부제(副祭)의 자질을 소유합니다. 피조물들에 대한 지식으로 자신의 지성을 조명하고, 거짓된 지식을 철저히 파괴하는 사람은 사제(司祭)의 자질을 소유합니다. 또한, 성 삼위일체에 대한 지식과 경배라는 거룩한 몰약(沒藥)으로 자신의 지성을 완전하게 하는 사람은 주교의 자질을 소유하고 있습니다.

22. 우리가 계명들을 지킴으로써 우리 안에 있는 정욕들이 감소할 때 마귀들은 약해지고, 무정념에 의해서 정욕들이 궤멸될 때 마귀들은 완전히 패배합니다. 그러면 그것들은 영혼에 들어갈 길을 더 이상 찾지 못해 영혼과 싸울 수 없기 때문입니다. 이것이 "저희가 주의 면전에서 약해져서 패하리로다"(시편 9:3)라는 의미입니다.

23. 인간적인 두려움 때문에 정욕들을 멀리하는 사람들

이 있고, 자만심 때문에 멀리하는 사람들도 있으며, 절제를 통해서 멀리하는 사람들도 있습니다. 하지만 어떤 사람들은 하나님의 섭리에 의해 정욕들로부터 구원을 받습니다.

24. 우리 주님의 모든 말씀에는 계명과 교리, 위협과 약속이라는 네 가지 요소들이 포함되어 있습니다. 우리는 이들의 도움을 받아 금식과 철야, 땅바닥에서 자는 것, 수고와 봉사를 통해 섬기는 행위, 모욕과 수치, 고문과 죽음 등과 같은 모든 종류의 고난을 참을성 있게 받아들입니다. 시편 기자는 "나는 주의 입술의 말씀을 따라, 어려운 길들을 계속해서 갔사오니"(시편 17:4, 칠십인경)라고 말합니다.

25. 절제의 상급은 무정념이며, 믿음의 상급은 영적 지식입니다. 무정념은 분별력을 낳고, 영적인 지식은 하나님에 대한 사랑을 낳습니다.

26. 지성이 바르게 덕을 실천할 때, 도덕적인 이해에서 진보를 이룹니다. 지성이 관상을 실천할 때, 영적인 지식에서 진보를 이룹니다. 덕을 실천하는 것은 영적인 경쟁에 참여하는 사람이 덕과 악덕을 분별할 수 있도록 인도합니다. 관상을 실천하는 것은 그 참여자들을 무형적인

것들과 물질적인 것들의 내적 특성들로 인도합니다. 마지막으로, 지성은 신학의 은총을 선물로 받게 됩니다. 이전의 두 단계를 초월하여 사랑의 날개를 타고 하나님께로 올라가며, 성령의 도우심으로 인간 지성에 가능한 만큼 멀리 올라가 하나님의 속성들을 식별하게 되는 것입니다.

27. 당신이 이제 막 신학의 영역에 들어가려 한다면, 하나님의 가장 깊은 본성을 찾으려 하지 마십시오. 인간의 지성이나 하나님 아래 있는 다른 어떤 존재도 이것을 경험할 수 없기 때문입니다. 하지만 가능한 한, 영원하심과 무한하심, 불확정성과 선하심, 지혜, 그리고 피조물들을 창조하고 보존하고 심판하시는 능력처럼, 그분의 본성에 해당하는 속성들을 분별하려고 노력하십시오. 이러한 속성들을 조금이라도 발견하는 사람은 위대한 신학자입니다.

28. 덕의 실천과 영적인 지식을 겸비한 사람은 능력 있는 사람입니다. 그 사람은 덕의 실천을 통해 자신의 욕망을 시들게 하고, 분개하는 성품을 길들입니다. 그리고 영적인 지식으로 자신의 지성에 날개를 달아주어 자기 자신을 벗어나 하나님께로 나아갑니다.

29. 우리 주님은 "나와 내 아버지는 하나이니라"(요한복음 10:30)라고 말씀하심으로, 두 분의 본질이 동일하심을 보여주십니다. 다시, 주님은 "나는 아버지 안에 거하고 아버지는 내 안에 계시다"(요한복음 14:11)라고 말씀하심으로, 두 분의 위격들이 분리될 수 없음을 보여주십니다. 그러므로 아들을 아버지로부터 분리하는 삼신론자들은 스스로 딜레마에 봉착합니다. 그들은 아들이 아버지와 함께 영원하시다고 말하면서도 아들을 아버지께로부터 분리합니다. 그렇다면 그들은 아버지에게서 나지 않으셨다고 말할 수밖에 없습니다. 따라서 그들은 세 분 하나님과 세 개의 제일 원칙이 존재한다고 주장하는 오류에 빠지고 말았습니다. 아니면, 그들은 아들이 아버지에게서 나셨음에도 불구하고 아들이 아버지로부터 분리된다고 말합니다. 그렇다면, 그들은 아들이 아버지와 함께 영원하지 않으시다고 말 할 수밖에 없습니다. 따라서 그들은 시간의 주님을 시간에 종속되게 만듭니다. 나지안주스의 성 그레고리가 말한 것처럼, 한 분 하나님을 유지하는 동시에 각자 자신의 고유한 특성을 지닌 세 위격을 고백할 필요가 있기 때문입니다. 성 그레고리에 따르면, 신성은 분리 없이 나뉘며, 구별되게 연합됩니다. 이 때문에 구분과

연합은 역설적입니다. 한 인간이 다른 인간과 결합되고 분리되는 것과 같은 방식으로 아들이 아버지와 연합하고 나뉘시는 것에 불과하다면, 그것이 어떻게 역설이 될 수 있겠습니까?

30. 사랑에 있어서 완전하고 무정념의 정점에 도달한 사람은 자기 자신과 다른 사람, 그리스도인들과 불신자들, 종과 자유인, 남자와 여자를 차별하지 않습니다. 하지만 그는 정욕의 압제를 벗어나 인간의 단일한 본성에 자신의 주의를 집중했기 때문에 모든 사람을 동일한 방식으로 바라보고, 모든 사람에게 동일한 성향을 나타냅니다. 그 안에는 헬라인이나 유대인, 남자나 여자, 종이나 자유인이 없고, 오직 "모든 것이요 만유 안에" 계신 그리스도가 존재하시기 때문입니다(골로새서 3:1, 갈라디아서 3:28 참조).

31. 영혼 안에 감춰져 있는 정욕들은 우리 안에 정욕적인 가품을 일으키는 수단을 마귀들에게 제공합니다. 그런 후에, 마귀들은 이런 생각들을 통해 지성과 싸우면서, 지성이 죄에 동의하도록 강요합니다. 지성이 정복되었을 때, 마귀들은 지성이 마음에서 죄를 범하도록 인도합니다. 이런 일이 일어났을 때, 마귀들은 지성을 포로 삼아 행동으로 죄를 범하도록 유도합니다. 이러한 생각을 사

용해 영혼을 황폐하게 만든 후에, 마귀는 그 생각을 가지고 물러나며, 지성에는 죄의 유령이나 우상만이 남게 됩니다. 이것을 언급하면서 우리 주님은 "가증한 멸망의 우상이 거룩한 곳에 선 것을 보거든 읽는 자는 깨달을지어다"(마태복음 24:15)라고 말씀하셨습니다. 인간의 지성은 하나님의 성소이자 성전입니다. 마귀가 정욕적인 생각을 사용해 영혼을 황폐하게 만든 후에, 그 안에 죄의 우상을 세우는 것입니다. 이런 일은 역사 가운데 실제로 일어난 바 있습니다. 내가 생각하기에, 요세푸스[Josephus: 유대인 학자이자 역사가(AD 37-c.100)]를 읽어본 사람이라면, 누구도 이러한 사실을 의심하지 않을 것입니다. 어떤 사람들은 그런 일들이 적그리스도의 때에도 발생할 것이라고 말합니다.

32. 우리로 하여금 거룩한 것을 향해 나아가게 만드는 것이 세 가지 있습니다. 본성적인 직감, 천사의 능력, 그리고 정직한 의도가 그것입니다. 예를 들어, 우리가 대접을 받고자 하는 대로 다른 사람들에게 행하거나(누가복음 6:31), 궁핍하거나 어려운 상황에 처한 사람을 보고 자연스럽게 연민을 느낄 때, 본성적인 직감이 우리를 자극합니다. 천사적인 권세들은 우리 자신이 어떤 가치 있는 일

을 하도록 자극을 받으면서 섭리적으로 도우심과 인도하심을 받고 있음을 발견할 때에 우리를 강권합니다. 우리를 선과 악을 분별하는 중에 선을 선택할 때, 정직한 의도로 인해 자극을 받습니다.

33. 또한, 우리를 악으로 이끄는 것에도 세 가지가 있습니다. 정욕, 마귀, 그리고 사악한 의도가 그것입니다. 예를 들어, 필요 없이 아무 때나 음식을 먹으려 하거나, 아내가 아닌 여인을 원하는 것처럼 불합리한 것을 원할 때, 또는 우리에게 창피를 주거나 상처를 입힌 사람들에게 지나치게 성을 낼 때, 정욕이 작동하게 됩니다. 그럴 때, 마귀는 우리로 하여금 경계를 늦추게 만들어, 갑자기 난폭한 공격을 가함으로 우리를 자극합니다. 그렇게 함으로써 이미 언급한 정욕이나 비슷한 본성을 가진 다른 정욕들을 일으키는 것입니다. 우리는 그 결과로 사악한 의도가 작동할 때, 선 대신에 악을 선택하게 됩니다.

34. 열심으로 덕을 행한데 대한 보상은 무정념과 영적인 지식입니다. 이는 정욕들과 무지가 영원한 형벌의 중재자인 것처럼, 무정념과 영적인 지식이 천국의 중재자이기 때문입니다. 이 때문에 본질적인 선을 위해서가 아니라 인간의 영광을 위해서 이러한 보상들을 구하는 자는

"네가 구하여도 받지 아니하는 것은 그릇 구함이니라"(야고보서 4:4)라는 성경 말씀으로 책망을 받습니다.

35. 인간의 많은 활동들은 그것들 자체로는 선하지만, 그것들을 행하는 동기 때문에 선한 것은 아닙니다. 예를 들어, 금식과 철야, 기도와 찬송, 자선과 환대의 행위들은 본질적으로 선하지만, 자만심을 위해 행할 때에는 선하지 않은 것입니다.

36. 하나님은 우리가 행하는 모든 일이 그분을 위한 것인지 아니면 다른 동기에 근거한 것인지를 보시기 위해서 우리의 목적을 살피십니다.

37. 여러분이 "각 사람에게 그 행한 대로 갚아 주시리라"(시편 62:12, 70)라는 성경 말씀을 들을 때, 겉으로는 선해 보이지만 그릇된 목적으로 어떤 일을 행할 때 하나님께서 복을 주신다고 생각하지 마십시오. 하나님은 매우 분명히 어떤 것이 올바른 목적을 위해 행해질 때만 복을 주십니다. 하나님의 심판은 행위들이 아니라 그 배후에 있는 목적을 보시기 때문입니다.

38. 교만이라는 마귀의 악의(惡意)는 두 가지 형태를 취합니다. 그는 수도사로 하여금 자신의 모든 성취를 모든 선한 것을 주시는 분과 모든 성취를 도우시는 분인 하나님

이 아니라 자기 자신에게 돌리도록 설득합니다. 이렇게 하는데 실패할 경우에는 자신보다 아직 덜 완전한 그의 형제들의 성취를 과소평가해야 한다고 제안합니다. 이런 식으로 영향을 받은 수도사는 마귀가 하나님의 도움을 거부하도록 자신을 설득하고 있다는 사실을 깨닫지 못합니다. 형제들의 성취가 부족하다고 해서 그가 그들을 과소평가한다면, 그는 분명히 자신의 힘으로 뭔가를 성취했다고 추론하는 것이기 때문입니다. 하지만 우리 주님은 "나 없이는 너희가 아무것도 할 수 없다"(요한복음 15:5)라고 말씀하셨기 때문에, 이것은 불가능한 일입니다. 모든 선한 것을 주시는 분 없이는 선한 일을 향해 자극을 받는다 하더라도 우리의 연약함으로 인해 아무 결실을 맺을 수 없기 때문입니다.

39. 인간의 본성의 연약함을 깨닫게 된 사람은 신성한 능력을 경험한 것입니다. 어떤 일들을 성취하고 이러한 신성한 능력을 통해 다른 일들을 성취하고자 열망하는 사람은 절대로 다른 사람을 과소평가하지 않습니다. 이는 하나님이 자기를 도우심으로 많은 정욕과 어려움에서 벗어나게 하신 것처럼, 하나님이 원하실 때 그대로 되는 줄을 알기 때문입니다. 하나님은 모든 사람, 특히 하나님

을 위해 영적인 길을 추구하는 사람들을 도우실 수 있습니다. 그리고 자신의 섭리 가운데 모든 사람을 정욕에서 구원해 주지 않으실지라도, 선하고 인자한 의사처럼 진보를 이루려고 노력하는 각 사람을 개별적으로 치유해 주십니다.

40. 정욕들이 우리 안에서 활동하기를 그칠 때에, 우리는 더욱 교만해지기 마련입니다. 정욕들이 활동을 멈추게 된 이유는 그 원인이 제거되었거나 마귀가 우리를 속이기 위해 의도적으로 물러났기 때문입니다.

41. 거의 모든 죄는 감각적인 쾌락 때문에 일어납니다. 감각적인 쾌락은 회개로부터 자발적으로, 또는 유익하고 섭리적인 반전의 결과로서 비자발적으로 일어나는 역경과 고통에 의해 극복됩니다. "우리가 우리를 살폈으면 판단을 받지 아니하려니와 우리가 판단을 받을 때 주께 징계를 받는 것이니, 이는 우리로 세상과 함께 정죄함을 받지 않게 하려 하심이라"(고린도전서 11:31-32).

42. 예기치 않은 시련을 당할 때, 그 시련을 초래한 사람을 탓하지 말고 그 시련이 임한 원인을 찾으려고 시도하십시오. 그러면, 여러분은 시련에 대처할 방법을 찾게 될 것입니다. 누구를 통해서 시련이 임했던 간에, 당신은 하

나님의 심판의 쓴 쑥을 마셔야만 했습니다.

43. 당신에게 나쁜 습관이 있다면, 고난을 거절하지 마십시오. 그래야 고난을 통해 당신이 겸손해지고, 교만을 물리칠 수 있습니다.

44. 사람들은 때로 쾌락으로 인해, 또는 괴로움이나 육체적인 고난으로 인해 시험을 받습니다. 영혼들의 의사는 영혼 안에 숨겨져 있는 정욕들의 원인에 따라 그분의 처방을 수단으로 해서 치료를 시행합니다.

45. 어떤 사람에게는 과거의 죄를 없애기 위해 시련들이 임하고, 어떤 사람에게는 현재 범하고 있는 죄를 뿌리 뽑기 위해 시련이 임하며, 또 어떤 사람에게는 미래에 범할 수 있는 죄를 예방하기 위해 시련이 임합니다. 이러한 시련들은 욥이 시험을 받았던 것처럼 사람들을 시험하기 위해 일어나는 시련들과는 다릅니다.

46. 지각 있는 사람은 신성한 처방들이 지닌 치료의 효과를 고려하여 그 처방들이 초래할 수 있는 고통을 기꺼이 감수합니다. 왜냐하면, 그 고통의 유일한 원인이 자신의 죄임을 알고 있기 때문입니다. 하지만 가장 지혜로우신 하나님의 섭리를 알지 못하는 어리석은 사람은 죄를 짓고 교정을 받을 때, 자신이 겪는 고난의 책임이 하나님

이나 사람들에게 있다고 여깁니다.

47. 어떤 것들은 정욕들의 움직임을 멈추게 하고, 정욕이 더 이상 자라지 못하게 합니다. 다른 것들은 정욕들을 정복해서 약화시킵니다. 예를 들어, 욕망이 문제가 될 때는, 금식과 노동과 철야가 욕망이 자라지 못하게 하지만, 은둔과 관상과 기도, 그리고 하나님을 향한 강렬한 갈망은 욕망을 억제하고 사라지게 만듭니다. 분노가 문제가 되는 경우도 마찬가지입니다. 예를 들어, 관용, 원한으로부터의 자유, 온유함은 모두 분노를 저지하고 자라지 못하게 합니다. 반면에, 사랑과 자선의 행위들, 인자와 긍휼은 분노를 약화시킵니다.

48. 인간의 지성이 하나님과 함께 끊임없이 거할 때, 그 사람의 갈망은 하나님을 향한 강렬한 갈망으로 성장하며, 분개하기 쉬운 성향은 신성한 사랑으로 완전히 변화됩니다. 그의 지성이 신성한 광채에 계속 참여함으로써 빛으로 완전히 채워지기 때문입니다. 그리고 지성이 감정적 측면을 재결합할 때, 이미 언급했듯이, 이 측면이 다시 하나님을 향하게 만들고, 하나님을 향한 이해할 수 없고 강렬한 갈망과 끊임없는 사랑으로 지성을 가득 채우며, 그 결과로 그것을 세속적인 것들로부터 완전히 끌

어내어 신적인 것을 향하게 만듭니다.

49. 만약 어떤 사람이 자신의 기분을 상하게 한 사람을 시기하지 않고 화를 내지도 않으며 원한을 품지 않는다고 해서, 그것이 필연적으로 그 사람을 사랑하는 것을 의미하진 않습니다. 여전히 사랑이 결핍되어 있는 동안에는, 계명에 따라 악을 악으로 갚지 않을 수 있지만(로마서 12:17 참조), 그럼에도 스스로 절제하지 않고서는 절대로 악을 선으로 갚을 수 없기 때문입니다. 자발적으로 "너를 미워하는 자에게 선을 베푸는"(마태복음 5:44) 마음을 갖는 것만이 완전한 영적 사랑에 속합니다.

50. 어떤 사람이 누군가를 사랑하지 않는다는 것이 필연적으로 그를 미워하는 것을 의미하지는 않습니다. 역으로 만약 그를 미워하지 않는다는 것이, 필연적으로 그를 사랑하는 것을 의미하지 않습니다. 그 사람이 상대방에 대해서 중립적인 태도를 보일 수 있기 때문입니다. 말하자면, 그 사람을 사랑하지도 않고 미워하지도 않는 것입니다. 사랑하려는 성향은 이 장의 아홉 번째 본문에 열거된 다섯 가지 방법을 통해서만 만들어집니다. 칭찬받을 만한 것, 중간적인 종류에 속한 것, 그리고 세 가지 책망받을 만한 것이 그것입니다.

51. 당신의 지성이 물질적인 것들에 즐겁게 몰두 되어 있고 그것들에 대한 개념적 이미지에 애착 되어 있다면, 당신은 하나님보다 이러한 것들을 더 사랑한다고 확신할 수 있습니다. "네 보물 있는 그곳에 네 마음도 또한 있느니라"(마태복음 6:21).

52. 장기간에 걸친 기도와 사랑을 통해서 하나님과 연합된 지성은 지혜롭고, 선하고, 능력 있고, 인정 많고, 자비롭고, 오래 참습니다. 간단히 말해서, 지성은 그 자체 안에 거의 모든 신적인 속성들을 포함합니다. 하지만 하나님을 떠나 물질적인 것들에 집착하는 지성은 가축처럼 방종하게 되거나, 또는 들짐승처럼 이러한 것들 때문에 사람들과 싸우게 됩니다.

53. 성경은 물질적인 것들을 '세상'이라 부릅니다. 세속적인 사람들은 이런 것들로 지성을 채우는 사람들입니다. 성경은 "세상이나 세상에 있는 것들을 사랑하지 말라. … 육신의 정욕과 안목의 정욕과 재물의 자랑은 하나님께로부터 온 것이 아니요, 세상으로부터 온 것이라"(요한1서 2:15-16 참조)라고 말하면서 성경이 책망하는 것은 이러한 사람들입니다.

54. 수도사는 물질적인 것들에 대한 집착에서 자신의 지

성을 자유롭게 하고, 절제와 사랑, 찬송과 기도를 통해서 하나님께 매달리는 사람입니다.

55. 목자는 덕을 실천하는 사람을 의미하는데, 도덕적인 성취를 소떼로 표현할 수 있기 때문입니다. 그래서 야곱은 "주의 종들은 목축하는 자들"(창세기 46:34)이라고 말했던 것입니다. 목자는 영적 지식을 소유한 사람을 의미하는데, 양 떼가 지성이 관상의 산 위에서 꼴을 먹이는 생각들을 나타내기 때문입니다. 그래서 "모든 목자가 애굽 사람들에게 즉, 마귀적인 세력들에게 가증한 것이다"(창세기 46:34)라고 말했던 것입니다.

56. 육체가 감각들의 자극을 받아 그 자체의 욕망과 쾌락에 몰두하면, 타락한 지성은 정욕적인 환상들과 충동들에 쉽게 굴복하고 동의합니다. 하지만 거듭난 지성은 절제를 실천하고 그들로부터 자신을 자제합니다. 더군다나, 참된 철학자인 지성은 그러한 충동들을 바로잡는 방법을 연구합니다.

57. 육신에 속한 덕들과 영혼에 속한 덕들이 있습니다. 육신에 속한 덕들에는 금식과 철야, 땅바닥에서 자는 것, 사람들의 필요를 보살피고, 다른 사람들에게 폐를 끼치지 않거나 다른 사람들을 구제할 수 있도록 자기 손으로

수고하는 것이 포함됩니다(데살로니가전서 2:9, 에베소서 4:28 참조). 영혼에 속한 덕들에는 사랑과 오래 참음과 온유와 절제와 기도가 포함됩니다(갈라디아서 5:22 참조). 어떤 제약이나 질병 등과 같은 육체적인 상태 때문에 위에서 언급한 육신의 덕들을 실천할 수 없는 경우에는, 주님께서 그 이유를 아시기 때문에 우리를 용서해 주십니다. 하지만 우리가 영혼에 속한 덕들을 실천하지 못한다면, 전혀 변명의 여지가 없을 것입니다. 그것들을 실천하는 것이 언제나 우리의 능력 안에 있기 때문입니다.

58. 하나님에 대한 사랑은 그 사랑에 참여하는 자로 하여금 모든 덧없는 쾌락과 수고와 고난에 대해 무관심하도록 이끕니다. 그리스도를 위하여 많은 고난을 기쁘게 감당한 모든 성인(聖人)들을 통해 이 사실을 확인할 수 있습니다.

59. 모든 악덕의 근원인 자기애를 경계하십시오. 왜냐하면, 자기애는 육체를 무분별하게 사랑하는 것이기 때문입니다. 자기애는 첫 번째이자 가장 일반적인 적용에 물든 세 가지 생각을 그럴듯하게 정당화합니다. 그것들은 탐식과 탐욕과 자만심입니다. 그것들은 소위 육체에 필요하다는 것을 구실로 내세웁니다. 다른 모든 악덕은 이

세 가지에 의해 생성됩니다. 이미 언급했듯이, 마음을 놓지 말고 각별히 조심스럽게 자기애와 싸워야 합니다. 이 악덕이 제거될 때, 다른 모든 악덕 역시 제거되기 때문입니다.

60. 자기애라는 정욕은 수도사에게 자신의 육신을 불쌍히 여기고, 적절하게 돌보고 관리해야 한다는 구실 하에 적절한 분량 이상의 음식을 더 자주 섭취해야 한다고 제안합니다. 이런 식으로 자기애는 수도사를 한 걸음씩 방종의 구덩이에 빠지게 할 것입니다. 반면에 자기애는 수도사가 아닌 사람들에게 육신의 욕망을 단번에 충족시키도록 부추깁니다.

61. 지성은 육신과 세상을 초월할 때 가장 높은 기도의 상태에 이르고, 기도하는 동안에 물질과 형태로부터 완전히 자유로워진다고 말합니다. 이러한 상태를 유지하는 사람은 지성을 사용하여 쉬지 않고 드리는 기도를 성취한 사람입니다.

62. 육신은 죽을 때 이 세상에 속한 것들로부터 완전히 분리됩니다. 마찬가지로, 그러한 최고의 상태에서 기도하는 동안에 죽은 지성은 이 세상의 모든 개념적 이미지로부터 분리됩니다. 그러한 죽음을 겪지 않는다면, 지성

은 하나님과 함께 거할 수 없으며, 함께 살 수도 없습니다.

63. 수도사여, 감각적인 쾌락과 자만심의 노예로 지내는 동안에도 구원을 받을 수 있다는 생각으로 아무도 당신을 속이지 못하게 하십시오.

64. 육신이 물질적인 것들을 통해 죄를 범할 때, 육신에게 절제를 가르쳐 주는 육신의 덕들이 있습니다. 마찬가지로, 지성이 정욕적인 개념적 이미지들을 통해 죄를 범할 때 절제를 가르쳐 주는 영혼의 덕들이 있습니다. 그런 덕들은 순수하고, 감정에 치우치지 않게 사물을 보게 함으로써, 지성으로 하여금 절제를 배울 수 있게 해줍니다.

65. 낮이 지나면 밤이 되고, 여름이 지나면 겨울이 오듯이, 이 땅의 삶에서나 혹은 죽음 이후에 자만심과 감각적인 쾌락이 지나면 괴로움과 고통이 임하게 됩니다.

66. 어떤 죄인도 이생에서 스스로 선택한 곤란이나 스스로 선택하지 않은 고통을 경험함이 없이 미래의 심판을 피할 수는 없습니다.

67. 우리가 마귀의 공격을 받는 것을 하나님이 허락하시는 이유가 다섯 가지 있다고 일컬어집니다. 첫 번째는 우리가 공격을 받고 반격함으로써 덕과 악덕을 분별하

는 법을 배우게 하기 위해서입니다. 두 번째는 갈등과 수고를 통해서 덕을 획득한 후에 그것을 안전하고 불변하게 보존하게 하기 위해서입니다. 세 번째는 덕이라는 면에서 진보한다고 해서 교만하지 않고 겸손을 배우게 하기 위해서입니다. 네 번째는 악을 어느 정도 경험한 후에 "그것을 완전히 미워하게"(시편 139:22 참조) 하기 위해서입니다. 다섯 번째이자 가장 중요한 이유는 우리가 무정념을 획득한 후에 우리 자신의 연약함이나 우리를 도우신 하나님의 능력을 잊지 않게 하기 위해서입니다.

68. 굶주린 사람의 지성이 빵을 상상하고, 목마른 사람의 지성이 물을 상상하는 것처럼, 대식가의 지성은 풍성한 음식을 상상하고, 관능주의자의 지성은 여인의 형상을 상상하며, 허영심 넘치는 사람의 지성은 세속적인 명예를 상상하고, 탐욕스러운 사람의 지성은 재정적 이익을 상상하고, 원한을 품은 사람의 지성은 자기 기분을 상하게 한 모든 사람들에게 복수하는 것을 상상하고, 시기하는 사람의 지성은 그가 시기하는 대상에 해를 끼칠 방법을 상상합니다. 그리고 다른 모든 정욕도 마찬가지입니다. 왜냐하면, 육체가 깨어 있든 자고 있든 간에, 정욕의 자극을 받은 지성은 정욕적인 개념적 이미지들에 둘

러싸여 있기 때문입니다.

69. 욕망이 강해질 때, 지성은 잠자는 동안에도 감각적인 쾌락을 제공해 주는 것들을 상상합니다. 분개하는 힘이 강해질 때, 지성은 두려움을 초래하는 것들을 상상합니다. 불순한 마귀들은 우리의 태만함과 짝을 이뤄 정욕들을 강화하고 자극합니다. 하지만 거룩한 천사들은 우리가 덕의 행위들을 수행하도록 설득함으로써 정욕들을 더 약하게 만듭니다.

70. 영혼의 갈망하는 측면은 빈번하게 자극을 받을 때, 끊기 어려운 방종이라는 습관을 영혼 안에 심습니다. 영혼의 분개하는 힘이 끊임없이 자극을 받으면, 영혼은 결국 비겁하고 나약해집니다. 전자는 금식과 철야와 기도를 오랫동안 실천함으로써 치유될 수 있습니다. 반면에 후자는 친절과 긍휼, 사랑과 자비를 통해 치유될 수 있습니다.

71. 마귀들은 사물들 자체를 통해서, 또는 이러한 사물들에 대한 우리의 정욕적인 개념적 이미지들을 통해 우리와 싸웁니다. 마귀들은 사물들에 집착하는 자는 사물들을 통해서, 사물들에 집착하지 않는 자는 개념적 이미지들을 통해 싸웁니다.

72. 행동보다 마음으로 죄를 짓는 것이 더 쉬운 것처럼, 사물들에 대한 정욕적인 개념적 이미지를 통한 전투는 사물들 자체를 통한 전투보다 더 어렵습니다.

73. 사물들은 지성의 외부에 있지만, 이러한 사물들에 대한 개념적 이미지들은 지성 안에서 형성됩니다. 결과적으로, 이러한 개념적 이미지들을 선용하거나 악용하는 것은 지성의 힘에 달려 있습니다. 그 이미지를 그릇되게 사용하는 것은 사물들 자체를 오용하는 것으로 이어집니다.

74. 지성은 세 가지 방식, 즉 감각들, 몸의 상태, 그리고 기억을 통해 세 가지 방식으로 정욕적인 개념적 이미지들을 수용합니다. 첫째로, 감각들 자체가 정욕을 획득한 것과 연관된 사물들로부터 인상들을 받을 때, 그리고 이러한 사물들이 정욕적인 생각들을 지성 안에 불러일으킬 때, 지성은 감각들을 통해 개념적 이미지들을 받아들입니다. 둘째로, 삶이나 마귀의 활동, 또는 절제되지 않은 생활 방식으로 인해 일어나는 질병 때문에, 육체 안에 있는 요소들의 균형이 교란되고, 다시금 지성이 정욕적인 생각들이나 섭리에 반하는 생각들에 자극을 받을 때, 몸의 상태를 통해서 개념적 이미지들을 수용합니다. 셋째

로, 한때 우리를 정욕적으로 만들었던 것과 관련된 사물들에 대한 개념적 이미지들을 기억이 회상하고, 유사한 방식으로 정욕적인 생각을 불러일으킬 때, 기억을 통해서 개념적 이미지들을 수용합니다.

75. 하나님이 우리가 사용하도록 우리에게 주신 것 중에 어떤 것은 영혼 안에 있고, 다른 것들은 육체 안에 있으며, 그리고 다른 것들은 육체와 연관되어 있습니다. 영혼 안에는 그 자체의 능력들이 있습니다. 육체 안에는 감각 기관들과 다른 지체들이 있습니다. 육체와 연관해서는 음식과 돈과 소유물 등이 있습니다. 하나님께서 우리에게 부여하신 이러한 것들, 또는 그것들에 달린 것들을 선용하는가 악용하는가에 따라 우리가 덕스러운 사람인지 악한 사람인지가 드러나는 것입니다.

76. 하나님께서 우리에게 주신 것들 중에서 어떤 것은 영혼 안에 있고, 어떤 것은 육체 안에 있으며, 어떤 것은 육체와 연관됩니다. 영혼 안에 있는 것들은 영적인 지식과 무지, 망각과 기억, 사랑과 증오, 두려움과 용기, 고난과 기쁨 등입니다. 육체 안에 있는 것들은 쾌락과 고통, 감각과 무감각, 건강과 질병, 삶과 죽음 등입니다. 육체와 관련된 것들은 자식이 있는 것과 자식이 없는 것, 부

와 궁핍, 명성과 무명 등입니다. 이들 중 일부는 선한 것으로 간주되고, 다른 것들은 악한 것으로 간주됩니다. 그것들 중에서 그 자체로 악한 것은 아무것도 없습니다. 그것들이 사용되는 방법에 따라 선하거나 악하다고 정당하게 일컬어질 수 있는 것입니다.

77. 영적인 지식과 건강은 본성적으로 선합니다. 그럼에도 불구하고, 그와 반대되는 것들이 많은 사람에게 더 많은 유익을 끼쳐 왔습니다. 앞서 언급했듯이, 그러한 지식은 본질적으로 선함에도 불구하고, 악인에 관한 한, 전혀 도움이 되지 않을 수 있기 때문입니다. 그것은 건강과 부와 기쁨에도 해당됩니다. 악인들이 그것들을 유익하게 사용하지 않기 때문입니다. 하지만 분명히 그것들과 반대되는 것들이 그들에게 유익을 끼칩니다. 그러므로, 그것들은 겉으로는 악한 것처럼 보일 수 있지만, 그것들 중의 어떤 것도 본질적으로 악하지 않습니다.

78. 사물들 자체를 오용하도록 강요받지 않으려면, 사물들에 대한 개념적 이미지를 오용하지 마십시오. 사람이 먼저 마음으로 죄를 짓지 않으면, 행동으로도 죄를 짓지 않을 것이기 때문입니다.

79. 어리석음과 비겁함, 음탕함과 불의 같은 주요한 악

덕들은 '땅에 속한' 사람의 '형상'입니다. 지성과 용기, 절제와 정의와 같은 주요한 덕들은 '하늘에 속한' 사람의 '형상'입니다. 땅의 형상을 입었던 것처럼, 하늘의 형상을 입도록 합니다(고린도전서 15:49 참조).

80. 당신이 생명으로 인도하는 길을 발견하기를 바란다면, "내가 곧 길이요, 문이요, 진리요, 생명이니라"(요한복음 10:7; 14:6)고 말씀하신 길에서 찾도록 하십시오. 그러면 당신은 거기에서 그 길을 찾게 될 것입니다. "그 길을 찾는 자가 적기 때문에"(마태복음 7:14), 당신은 오직 부지런하고 근면하게 찾아야 합니다. 만일 당신이 그 적은 무리에 속하지 않는다면, 당신은 많은 사람과 함께 있는 자신의 모습을 발견하게 될 것입니다.

81. 영혼이 스스로 죄를 끊을 수 있게 해 주는 것이 네 가지 있습니다. 심판에 대한 두려움, 미래의 상급에 대한 소망, 하나님에 대한 사랑, 마지막으로 양심의 자극이 그것입니다.

82. 어떤 사람들은 이 세상 밖에서 우리를 악을 향해 끌어당기는 힘이 존재하지 않는다면, 창조된 세상에 악이 존재하지 않았을 것이라고 이야기합니다. 하지만 소위 이러한 힘은 사실상 우리가 지성의 본성적인 에너지를

무시하는 것입니다. 이러한 에너지를 양성하는 사람들은 항상 선을 행하고, 절대로 악을 행하지 않습니다. 당신 또한 이렇게 하고자 한다면, 태만을 제거하십시오. 그러면 당신 또한 악을 몰아낼 수 있습니다.

83. 그 본성적인 상태에서, 인간의 지성은 신적인 지성에 종속되며, 그 자체가 우리 안에 있는 비지성적인 요소를 지배합니다. 모든 일에서 이 질서가 유지되게 하십시오. 그러면 피조물들 가운데 악이 존재하지 않을 것이며, 우리를 악으로 이끄는 어떤 것도 존재하지 않을 것입니다.

84. 단순한 생각들이 있는가 하면, 복합적인 생각들도 있습니다. 정욕적이지 않은 생각들은 단순합니다. 반면에 정욕으로 충만한 생각들은 복합적이며, 정욕과 결합된 개념적 이미지들로 구성됩니다. 따라서, 복합적인 생각들이 마음속에 죄악 된 개념을 불러일으키기 시작하면, 많은 단순한 생각들이 그것들을 뒤따르는 것을 볼 수 있습니다. 예를 들어, 누군가의 마음에 금에 대한 정욕적인 생각이 떠오른다고 합시다. 그는 정신적으로 황금을 훔치고 싶은 충동을 느끼고, 그리고 그의 지성으로 죄를 범하게 됩니다. 그런 다음에는, 지갑과 상자와 방 등

에 대한 생각들이 금에 대한 생각을 강하게 뒤따릅니다. 금에 대한 생각이 복합적이었던 것은 그것이 정욕과 결합되었기 때문입니다. 하지만 지갑과 상자 등에 대한 생각은 단순한 것이었습니다. 왜냐하면, 지성은 이러한 것들과 연관된 정욕을 소유하지 않았기 때문입니다. 모든 생각, 즉 자만심이나 여성들, 기타 등등에 대한 생각들도 마찬가지입니다. 우리가 사용한 예가 보여주듯이, 정욕적인 생각을 따르는 모든 생각들 자체가 정욕적인 것은 아니기 때문입니다. 이로부터, 우리는 어떤 개념적 이미지들이 정욕적이고 어떤 것들이 그렇지 않은지를 알 수 있을 것입니다.

85. 어떤 사람들은 마귀들이 잠자는 동안 먼저 생식기를 건드리기 때문에 음란의 정욕이 일어난다고 말합니다. 그렇게 발생한 정욕은 기억을 수단으로 해서 한 여인의 모습을 지성 안으로 가져옵니다. 하지만 다른 사람들은 마귀들이 먼저 한 여자로 분장해서 지성에게 나타나서 생식기를 건드려 욕구를 자극하기 때문에 환상이 일어난다고 말합니다. 또 다른 사람들은 우리에게 다가오는 마귀의 지배적인 정욕이 우리 안의 정욕을 불러일으키고, 그 결과로 영혼이 악한 생각들을 촉발하고, 기억을 매개

로 해서 이러한 여인들의 모습을 지성 안으로 가져온다고 말합니다. 이것은 그 밖의 다른 정욕적 환상들에게도 해당되는 사실입니다. 어떤 사람들은 그러한 환상이 각기 다른 방식으로 일어난다고 말합니다. 그러나 만일 영혼 안에 사랑과 절제가 존재한다면, 마귀들은 육체가 깨어 있든 잠들어 있든 상관없이, 위에 묘사된 어떤 방식으로도 정욕을 일으킬 수 없습니다.

86. 모세의 율법의 몇몇 계명들은 육체적으로 그리고 영적으로 모두 지켜져야 하지만, 다른 계명들은 영적으로만 지켜져야 합니다. 예를 들어, "간음하지 말라, 살인하지 말라, 도둑질하지 말라"(출애굽기 20:13-15) 등은 육체적으로 그리고 영적으로 모두 지켜져야 합니다. 영적인 준수는 아래에서 설명하는 것처럼 삼중적입니다. 할례를 받고(레위기 12:3 참조), 안식일을 지키고(출애굽기 31:13 참조), 어린 양을 잡고, 쓴 나물과 함께 무교병을 먹는(출애굽기 12:8; 23:15 참조) 것과 유사한 계명들은 영적으로만 지켜져야 합니다.

87. 수도사의 삶의 특징이 되는 주요한 내적 상태에는 세 가지가 있습니다. 첫 번째는 행동으로 죄를 범하지 않는 상태입니다. 두 번째는 영혼이 정욕적인 생각을 허락

하지 않는 상태입니다. 세 번째는 여인들의 모습들과 죄를 범한 사람들의 모습들을 감정에 좌우됨이 없이 마음 속에서 관상할 수 있는 상태입니다.

88. 진실로 소유물을 지니고 있지 않은 사람은 자신이 가진 세상의 모든 물건을 포기하고, 자기 육신 외에는 이 세상에서 아무것도 절대적으로 소유하지 않는 사람입니다. 그리고 그는 육신에 대한 집착을 끊고, 하나님과 경건한 자들의 보살핌에 자신을 맡기는 사람입니다.

89. 어떤 사람들은 감정에 좌우됨이 없이 재산을 소유하기 때문에, 재산을 빼앗기더라도 당황하지 않고 오히려 그것을 빼앗긴 것을 기쁨으로 받아들인 사람들과 같습니다(히브리서 10:34 참조). 반면에 정욕으로 재산을 소유한 사람들은 그것을 빼앗길 위험에 처할 때, 마치 복음서에 나오는 근심으로 가득 차 돌아간 부자처럼(마태복음 19:22 참조) 완전히 실의에 빠지게 됩니다. 그리고 실제로 재산을 잃으면, 그들은 죽을 때까지 낙담에 빠져 있게 됩니다. 따라서 재산을 잃는 것은 한 사람의 내면의 상태가 감정에 좌우됨이 없는지 또는 정욕의 지배를 받는지의 여부를 드러내 줍니다.

90. 마귀들은 기도의 정상에 도달한 사람을 공격하여,

감각적인 사물들에 대한 개념적 이미지들이 정욕에서 해방되지 못하게 합니다. 그들은 영적 지식을 소유한 사람을 공격해 정욕적인 생각들로 시간을 허비하게 만듭니다. 그리고 그들은 덕을 실천하는 경지를 넘어 진보하지 못한 사람을 공격해서, 행동을 통해 죄를 범하도록 설득합니다. 마귀들은 모든 사람을 하나님으로부터 분리하기 위해 가능한 모든 수단을 동원해서 그들과 씨름합니다.

91. 거룩한 섭리를 통해 이생에서 거룩함을 향하여 나아가는 사람들은 다음과 같은 세 가지 시험을 받습니다. 우선 건강과 아름다움, 훌륭한 자녀, 돈, 그리고 명예와 그 외의 것과 기분 좋은 선물들을 통해 시험을 받습니다. 다음으로 자녀와 돈과 명예를 잃는 것과 같은 괴로움을 초래하는 고통을 통해 시험을 받습니다. 그리고 질병이나 고문 등과 같은 육신의 고통을 통해 시험을 받습니다. 첫 번째 범주에 속한 사람들에게 주님은 "사람이 자기가 가진 모든 것을 버리지 아니하면 내 제자가 될 수 없느니라"(누가복음 14:33)라고 말씀하십니다. 그리고 두 번째와 세 번째에 범주에 속한 사람들에게는 "너희가 인내심 있게 참음으로 너희 영혼을 얻으리라"(누가복음 21:19)라고 말씀하십니다.

92. 다음의 네 가지가 육체의 기질을 변화시켜, 그것을 통해 지성 안에 정욕적이거나 그렇지 않은 생각을 낳는다고 일컬어집니다. 천사들, 마귀들, 바람, 그리고 식습관이 그것입니다. 천사들은 생각을 통해서, 마귀들은 촉각을 통해서, 바람은 변화를 통해서, 식습관은 우리가 먹고 마시는 음식과 음료의 질과 양을 통해서 기질을 변화시킨다고 일컬어집니다. 또한, 기억과 청각과 시각을 통해서 일어나는 변화가 있습니다. 즉, 영혼이 이 세 가지 수단 중 하나의 결과로 즐겁거나 괴로운 경험들의 영향을 받아서, 육체의 기질을 변화시키는 것입니다. 이렇게 변화된 기질은, 결국, 그에 상응하는 생각들을 지성 안에서 차례로 유발합니다.

93. 죽음은 진정한 의미에서 하나님으로부터 분리되는 것이며, "사망의 쏘는 것은 죄"(고린도전서 15:56)입니다. 쏘임을 받은 아담은 그와 동시에 생명 나무와 낙원과 하나님으로부터 추방되었습니다(창세기 3장 참조). 그리고 이것은 필연적으로 육신의 죽음으로 이어졌습니다. 생명은 참된 의미에서 "내가 곧 생명이니"(요한복음 1:25)라고 말씀하신 분이며, 사망에 들어가셔서, 죽었던 자를 다시 살리신 분이십니다.

94. 인간은 자신의 기억을 거들거나 다른 사람을 돕기 위해서 기록하며, 또는 두 가지 목적 모두를 가지고 기록합니다. 그렇지 않을 때는, 특정한 사람들에게 해를 끼치거나, 자기를 과시하기 위해서, 또는 필요에 따라 기록을 합니다.

95. 시편 23편에서 "푸른 초장"은 덕들의 실천을 나타냅니다. "쉴 만한 물"은 피조물들에 대한 영적 지식을 나타냅니다.

96. "사망의 골짜기"는 인간의 삶을 의미합니다. 따라서 어떤 사람이 하나님과 함께 거하고 하나님이 그와 함께 거하신다면, "내가 사망의 음침한 골짜기로 다닐지라도 해를 두려워하지 않을 것은 주께서 나와 함께 하심이라"라고 분명히 말할 수 있습니다.

97. 순수한 지성은 사물들을 바르게 봅니다. 그러면 훈련된 지성이 사물들을 질서 있게 배열합니다. 예리한 청각은 말해지는 것을 받아들입니다. 이런 세 가지 특성이 부족한 사람은 발언한 사람을 모욕합니다.

98. 성 삼위일체와 삼위의 창조와 섭리를 알고, 자기 영혼의 감정적인 측면을 무정념의 상태에 이르게 한 사람은 하나님과 함께 거합니다.

99. 다시 시편 23편에서 "지팡이"는 하나님의 심판을 의미하며, "막대기"는 그분의 섭리를 의미한다고 일컬어집니다. 따라서 이러한 것들에 대한 영적 지식을 받은 사람은 "주의 지팡이와 막대기가 나를 안위하시나이다"라고 말할 수 있습니다.

100. 지성이 정욕을 벗어버리고 피조물들에 대한 관상과 더불어 조명을 받으면, 하나님 안으로 들어가 바르게 기도할 수 있습니다.

201-300

1. 개념적 이미지들과 그에 상응하는 물질적인 대상들을 영리하게 사용하면, 절제와 사랑과 영적 지식을 산출하게 됩니다. 그런 것들을 영리하지 못하게 사용하면 방탕과 증오와 무지를 낳게 됩니다.

2. "주께서 내 원수의 목전에서 내게 상을 베푸시고…." (시편 23:5). 이 구절에서 '상'은 덕들을 실천하는 것을 의미합니다. 이것은 그리스도께서 우리를 '괴롭히는 자들에게 맞서' 사용할 수 있도록 우리를 위해 예비하신 것이기 때문입니다. 지성에게 '기름'을 부으시는 것은 피조물들에 대한 관상입니다. 하나님의 '잔'은 하나님을 아는 지식입니다. 그분의 '인자하심'은 그분의 신성한 로고스입니다. 왜냐하면, 로고스는 바울의 경우처럼(빌립보서 3:12 참조), 구원받기로 예정된 모든 사람을 따라잡으실 때까지 그분의 성육신을 통해 우리를 '항상' 추적하시기 때문입니다. '집'은 모든 성도가 거하게 될 왕국입니다. '날들의 길이'는 영원한 생명을 의미합니다.

3. 우리가 영혼의 능력들을 오용(誤用)할 때, 그 악한 측

면들이 우리를 지배하게 됩니다. 예를 들어, 지성에 대한 우리의 능력을 오용한 결과는 무지와 어리석음입니다. 우리의 분개하는 힘과 욕망을 오용하는 결과는 증오와 방탕입니다. 이러한 능력들을 적절하게 사용하면, 영적인 지식, 도덕적 판단, 사랑, 그리고 절제가 산출됩니다. 이것이 사실이라면, 하나님이 지으시고 존재하게 하신 것 중에 악한 것은 아무것도 없습니다.

4. 악한 것은 음식이 아니라 탐식이며, 자녀를 낳는 것이 아니라 음란이며, 물질적인 것들이 아니라 탐욕이며, 존경심이 아니라 자만심입니다. 이것이 사실이라면, 악한 것은 사물들을 오용하는 것에 불과하며, 지성이 자신의 본성적인 능력들을 배양하지 못할 때 그러한 오용이 일어납니다.

5. 복된 디오니시우스(Dionysius)는 마귀들 사이에서 악은 분별없는 분노, 지성으로 통제되지 않는 욕망, 충동적인 상상의 형태를 취한다고 이야기합니다. 그러나 지적인 존재가 분별력이 없고 지적인 통제력이 부족하며 성급한 이유는 지능과 지성과 신중함이 결핍되었기 때문입니다. 모든 결핍은 어떤 것을 소유한 이후에 일어납니다. 마귀들이 지능과 지성과 경건한 신중함을 소유했던 때가

있었습니다. 이것이 사실이라면, 마귀들도 본성적으로 악한 것이 아니라, 자신들의 본성적인 능력들을 오용함으로써 악해진 것입니다.

6. 어떤 정욕들은 음탕함을 낳고, 어떤 정욕들은 미움을 낳으며, 어떤 정욕들은 방탕함과 미움을 모두 낳습니다.

7. 과식과 탐식은 음탕함을 초래합니다. 탐욕과 자부심은 이웃을 미워하게 만듭니다. 악덕들의 어머니인 자기애(自己愛)는 이런 모든 것들의 원인입니다.

8. 자기애는 자신의 몸을 정욕적이고 분별없이 사랑하는 것입니다. 그와 반대되는 것은 사랑과 절제입니다. 자기애의 지배를 받는 사람은 온갖 정욕들의 지배를 받습니다.

9. "누구든지 언제나 자기 자신의 육체를 미워하지 않은 사람은"(에베소서 5:29)이라고 사도 바울은 말합니다. 하지만 그는 자기 몸을 쳐서 복종케 하고(고린도전서 9:27 참조) 먹을 것과 입을 것(디모데전서 6:8 참조), 그리고 생명을 유지하는데 필요한 것 외에는 어떤 것도 허락하지 않았습니다. 이런 식으로 인간은 자신의 육체를 감정에 좌우됨이 없이 사랑하고 영양을 공급하며, 신성한 일을 맡은 종으

로 여겨 보살피며, 기본적인 욕구를 충족시키는 것만을 공급합니다.

10. 사람이 누군가를 사랑할 때, 당연히 그 사람을 섬기기 위해 온갖 노력을 다합니다. 따라서, 사람이 하나님을 사랑한다면, 당연히 그분의 뜻을 따르려고 애를 씁니다. 그러나 사람이 육신을 사랑한다면, 육신에 영합합니다.

11. 사랑과 절제, 관상과 기도는 하나님의 뜻에 합당하지만, 탐식과 음탕, 그리고 그것들을 증진하는 것은 육신에 속합니다. 그래서 "육신에 있는 자는 하나님의 뜻을 이루지 못하는"(로마서 8:8) 것입니다. 그러나 "그리스도에 속한 사람들은 육체를 정욕들과 욕망들과 함께 십자가에 못 박았습니다"(갈라디아서 5:24).

12. 지성이 하나님을 향할 때, 그것은 육신을 그 종처럼 다루고 생명을 유지하는 데 필요한 것 이상을 공급하지 않습니다. 하지만 지성이 육신을 향할 때, 그것은 정욕들의 종이 되어 육신의 욕망을 성취할 방법에 대해 항상 생각합니다.

13. 당신의 생각들을 다스리기를 원한다면, 정욕들에 집중하십시오. 그러면 정욕들에서 나오는 생각들을 당신의 지성에서 쉽게 몰아낼 것입니다. 예를 들어, 음란에 관련

해서는, 금식하고, 철야하고, 노동하며, 사람들을 만나는 일을 피하십시오. 분노와 원망에 관련해서는, 명성과 수치와 물질적인 것들에 관심을 기울이지 마십시오. 원한에 관련해서는, 당신의 기분을 상하게 한 사람을 위해 기도하십시오. 그러면 당신은 구원을 받을 것입니다.

14. 자신을 더 약한 사람과 비교하지 말고, 오히려 사랑의 계명을 성취하는 일에 전념하십시오. 자신을 연약한 사람과 비교하면 교만의 웅덩이에 빠질 것이지만, 사랑의 계명에 스스로 전념하면 겸손의 극치에 이르게 될 것입니다.

15. 만약 당신이 이웃을 사랑하라는 계명을 온전히 지키면, 이웃이 무슨 일을 하든지 그에 대하여 분한 마음을 품거나 억울해하지 않을 것입니다. 그런 경우가 아니라면, 당신이 형제와 싸우는 이유는 분명히 덧없는 것을 추구하며, 사랑의 계명보다 그것을 더 좋아하기 때문입니다.

16. 사람들이 황금을 욕망의 대상으로 삼는 것은 황금이 필요해서가 아니라 그것이 대부분의 사람에게 관능적인 쾌락에 빠지는 힘을 제공하기 때문입니다.

17. 물질적인 부를 사랑하게 만드는 것에는 세 가지가

있습니다. 방종과 자만심, 그리고 믿음의 결핍이 그것들입니다. 믿음의 결핍은 다른 두 가지보다 더 위험합니다.

18. 방종한 사람이 부(富)를 사랑하는 이유는 그것이 편안하게 살 수 있게 해주기 때문입니다. 자만심이 가득한 사람이 부를 사랑하는 것은 부를 통해서 그가 다른 사람들의 존경을 받을 수 있기 때문입니다. 믿음이 부족한 사람이 부를 사랑하는 것은 굶주림이나 늙음, 또는 질병이나 유배를 두려워하기 때문입니다. 그래서 그가 부를 저장하고 비축하는 것입니다. 그는 살아있는 것 중에 가장 작은 존재에 이르기까지 모든 피조물에 필요한 것을 공급해 주시는 창조주, 즉 하나님보다 부를 더 신뢰합니다.

19. 부를 축적하는 사람에는 네 종류가 있습니다. 이미 언급한 세 종류의 사람들 외에 재정담당자, 또는 회계 담당자가 있습니다. 분명히, 선한 목적을 위해, 즉 항상 각 사람의 기본적인 필요를 공급해 주는 수단으로 부를 비축하는 것은 재정이나 회계 담당자뿐입니다.

20. 모든 정욕적인 생각들은 영혼의 갈망하는 힘을 자극하거나, 그 분개하는 힘을 혼란스럽게 하거나, 또는 지능을 어둡게 만듭니다. 이런 식으로 영적 관상과 기도의 황홀경(恍惚境, ecstasy)을 다루는 지성의 능력이 둔해집니다.

이러한 이유로, 수도사, 특히 헤시카스트는 그러한 생각들에 세심한 주의를 기울여 그 원인을 찾아내고 제거해야 합니다.

예를 들어, 영혼의 갈망하는 힘은 여인들에 대한 정욕적인 생각들로 인해 자극됩니다. 그러한 생각들이 일어나는 이유는 먹고 마시는 데 있어 무절제하고 문제가 되는 여성들과 자주 무분별한 대화를 나누기 때문입니다. 그러한 생각은 굶주림, 목마름, 철야, 인간 사회로부터 물러남을 통해 단절됩니다. 다시 말하지만, 분개하는 힘은 우리를 화나게 했던 사람들에 대한 정욕적인 생각들로 인해 동요됩니다. 이것은 방종과 자부심, 물질적인 것들에 대한 사랑에 의해 야기됩니다.

정욕의 지배를 받는 사람이 원한을 느끼거나, 좌절하거나, 그렇지 않으면 그가 원하는 것을 얻지 못한다고 느끼는 것은 그러한 악덕들 때문입니다. 이러한 생각들은 그것들을 자극하는 악덕들이 하나님의 사랑을 통해서 거부되고 무력해질 때에 근절됩니다.

21. 하나님은 자신을 아시며, 자신이 창조하신 것들을 아십니다. 천사적인 권세들 역시 하나님을 알고, 그리고 하나님이 창조하신 것들을 압니다. 하지만 천사들은 하

나님이 자신과 그분이 창조하신 것들을 아시는 것과 동일한 방식으로 하나님과 그분이 창조하신 것들을 알지는 못합니다.

22. 하나님은 자신의 복된 본질을 아심을 통해 자신을 아십니다. 또한, 그분은 자신의 지혜를 통해 자신이 창조하신 모든 것을 아십니다. 그분은 지혜를 수단으로 해서, 그리고 그 안에서 만물을 지으셨습니다. 그러나 천사적인 권세들은 참여를 통해서 하나님을 알지만, 하나님 자신은 그러한 참여를 초월하십니다. 그리고 그들은 영적으로 관상할 수 있는 것들을 이해함을 통해 하나님이 지으신 것들을 압니다.

23. 비록 지성이 그 자체 안에 있는 피조물들에 대한 이미지를 이해할지라도, 실제로 피조물들은 지성의 외부에 존재합니다. 이것은 피조물에 대한 하나님의 지식에는 해당되지 않습니다. 왜냐하면, 그분은 영원하시고, 무한하시며, 존재하는 모든 것에게 존재(being)와 복된 존재(well-being)와 영원한 존재(eternal being)를 부여해 주셨기 때문입니다.

24. 지능과 지성을 부여받은 본성들은 바로 그것들의 자체를 통해, 복된 존재와 관련된 그들의 능력, 즉 선함과

지혜를 통해, 그들에게 영원한 존재를 부여하는 은혜를 통해 하나님 안에 참여합니다. 그것이 본성들이 하나님을 아는 방법입니다. 앞서 언급했듯이, 본성들은 창조 안에서 관상되는 조화로운 지혜를 이해함으로써 하나님의 창조를 알게 됩니다. 이러한 지혜는 지성에 의해 비물질적인 방식으로 이해되며, 그 자체로는 독립적인 존재를 소유하지 못합니다.

25. 하나님은 지능과 지성을 부여받은 본성들을 존재하게 하셨을 때, 지고한 선하심 안에서 피조물들을 지탱하고 보호하고 보존하는 데 사용하시는 네 가지 신성한 속성들을 그들에게 전달하셨습니다. 이러한 속성들은 존재, 영원한 존재, 선함, 그리고 지혜입니다. 하나님은 네 가지 중에서 처음의 두 가지인 존재(being)와 영원한 존재(eternal being)를 그들의 본질에 부여하시고, 나머지 두 가지인 선함과 지혜를 그들의 의지적인 능력에 부여하셨습니다. 따라서 피조물은 참여를 통해서 본질적으로 하나님처럼 될 수 있습니다. 이것이 인간이 하나님의 형상과 모양으로 지음을 받았다고 일컬어지는 이유입니다(창세기 1:26 참조). 인간은 그 존재가 하나님의 존재의 형상 안에 있고, 그 영원한(근원은 없지만, 그럼에도 불구하고 끝이 없다는

의미에서) 존재가 하나님의 영원한 존재의 형상 안에 있기 때문에, 하나님의 형상으로 지음 받았습니다. 인간은 또한 하나님의 모양을 따라 지음 받았습니다. 인간은 하나님의 선하신 모양을 따라 선하며, 하나님의 지혜의 모양을 따라 지혜롭기 때문에, 하나님은 본질적으로 선하시고 지혜로우시며, 인간은 은혜로 말미암아 선하고 지혜롭습니다. 모든 지능적인 본성은 하나님의 형상 안에 있지만, 선하고 지혜로운 사람들만이 하나님의 모양을 얻습니다.

26. 지능과 지성을 부여받은 모든 존재는 천사이거나 인간입니다. 모든 천사적인 존재들은 두 가지 일반적인 도덕적 범주 또는 부류로 세분될 수 있습니다. 거룩한 존재들과 저주받은 존재들, 즉 거룩한 권세들과 불순한 마귀들로 구분되는 것입니다. 모든 인간도 오직 두 가지 도덕적 범주, 즉 경건한 사람들과 경건하지 못한 사람들로 나눠질 수 있습니다.

27. 하나님은 절대적인 존재요, 절대적인 선이시며, 절대적인 지혜이시기 때문에, 더 정확히 말해서, 하나님은 그러한 모든 것을 초월하시기 때문에, 하나님과 반대되는 것들은 절대로 존재하지 않습니다. 반면에, 모든 피조

물은 참여와 은혜를 통해 존재하지만, 지능과 지성을 부여받은 피조물들 역시 선과 지혜의 능력을 소유하고 있습니다. 그런 이유로, 그것들은 반대되는 것들을 실제로 소유합니다. 그들은 존재와 반대되는 것으로 비존재(non-being)를 보유하고, 선과 지혜의 능력과 반대되는 것으로 악과 무지를 지니고 있습니다. 피조물이 영원히 존재하는 지의 여부는 그들을 지으신 분의 능력에 달려 있습니다. 하지만 지적인 피조물들이 하나님의 선하심과 지혜에 참여할 것인지 아닌지는 각자의 의지에 달려 있습니다.

28. 고대 그리스 철학자들은 피조물들의 존재가 영원 전부터 하나님과 공존해 왔으며, 하나님은 단지 그 존재에 특성들을 부여해 왔을 뿐이라고 말합니다. 그들은 이 존재 자체는 반대되는 것을 소유하지 않으며, 그런 반대되는 것이 특성들에만 있다고 말합니다. 하지만 우리는 신적인 본질만이 영원하고 무한하며, 다른 것들에게 영원성을 부여하기 때문에 그 본질이 반대되는 것을 소유하지 않는다고 주장합니다. 반면에 피조물들의 존재는 비-존재를 자신의 반대 되는 것으로 갖고 있습니다. 그것이 영원히 존재하는지는 실체적인 의미에서 홀로 존재하시

는 그분의 능력에 달려 있습니다. 그러나 "하나님의 은사에는 후회하심이 없기"(로마서 11:29) 때문에, 반대되는 것을 갖고 앞서 언급했듯이, 피조물들의 존재는 그것과 반대되는 것을 지니고 반대되는 것을 갖고 있다 하더라도, 하나님의 전능하신 능력에 의해 유지되고, 항상 유지될 것입니다. 왜냐하면, 피조물은 비-존재에서 발생했으며, 그 존재 여부는 하나님의 의지에 달려 있기 때문입니다.

29. 악은 선의 결핍이고 무지가 지식의 결핍인 것처럼, 비-존재는 존재의 결핍입니다. 비-존재는 실체적인 의미에서 존재에 속한 것이 아닙니다. 왜냐하면 그것이 반대되는 어떤 것을 소유하지 않지만, 실체적인 존재에 참여함으로써 존재하는 존재에 속하지 않기 때문입니다. 언급된 처음 두 가지 결핍들은 피조물들의 의지에 달려 있습니다. 세 번째는 창조주의 의지에 달려 있습니다. 그분은 자신의 선하심 안에서 존재들이 항상 존재하고 항상 그분의 축복을 받기를 원하십니다.

30. 모든 피조물은 지능과 지성을 부여받았으며, 따라서 덕과 악덕, 지식과 무지처럼 상반되는 능력을 소유합니다. 그렇지 않은 경우에는, 그들은 상반되는 것, 즉 흙과 공기, 불과 물로 이뤄진 다양한 종류의 물리적인 물체들

입니다. 비록 그들 중에 일부가 물체들과 결합되어 있기는 하지만, 전자는 완전히 영적이고 비물질적인 것들이고, 후자는 물질과 형태로 이뤄져 있습니다.

31. 본질적으로 모든 물체에는 운동하는 능력이 결여되어 있습니다. 물체들은, 때에 따라 지성적인 영혼에 의해, 지성이 없는 영혼에 의해, 또는 무감각한 영혼에 의해 움직임을 부여받습니다.

32. 영혼에는 세 가지 능력이 있습니다. 첫째는 양육과 성장의 능력이고, 둘째는 상상과 직감의 능력이며, 셋째는 지능과 지성의 능력입니다. 식물은 첫 번째 능력만을 소유합니다. 동물은 첫 번째와 두 번째 능력을 소유합니다. 인간은 세 가지 능력 모두를 소유합니다. 처음 두 능력은 소멸될 수 있습니다. 세 번째 능력은 분명히 썩지 않고 멸하지도 않습니다.

33. 천사의 능력들은 서로를 조명(照明)해 주는 중에 자기들의 덕이나 지식을 인간의 본성에 전달합니다. 천사들의 덕에 관련해 말하자면, 그들은 하나님의 선하심을 본받는 선을 전달해 주며, 이런 선을 통해 자기들에게, 서로에게, 그리고 자기들보다 열등한 존재들에게 복을 부여해 주고, 그들로 하여금 하나님처럼 되게 만듭니다. 천

사들의 지식에 관련해 말하자면, 그들은 성경이 "주여, 주는 영원무궁토록 높으시나이다"(시편 92:8)라고 말하듯이 하나님에 대한 보다 고귀한 지식, 또는 육신을 입은 존재들에 대한 더 심오한 지식, 또는 영적 존재들에 대한 더 정확한 지식, 또는 하나님의 섭리에 대한 더 명확한 지식, 또는 하나님의 심판에 대한 더 정확한 지식을 전달해 줍니다.

34. 지성의 불순함은 첫 번째로 거짓된 지식을 소유하는 데 있습니다. 두 번째는 어떤 보편적인 것에 대한 무지에 있습니다. 내가 인간의 지성을 언급하는 이유는 심지어 특수한 것들에 대해서도 무지하지 않은 것이 천사의 지성이 갖는 속성이기 때문입니다. 세 번째는 정욕적인 생각을 소유하는 데 있고, 네 번째는 죄에 동의하는 데 있습니다.

35. 영혼의 불순함은 본성에 따라 기능하지 않는 데 있습니다. 이 때문에 정욕적인 생각들이 지성 안에서 일어납니다. 영혼은 그 감정적인 측면, 즉 분개하는 힘과 그 욕구가 사물들과 이러한 사물들에 대한 개념적 이미지들로부터 임하는 도발들을 직면할 때에도 감정에 좌우되지 않은 채로 남아 있을 때, 본성과 더불어 원만하게 기능합

니다.

36. 육신의 불순함은 실제로 죄를 범하는 데 있습니다.

37. 세속적인 것들에 끌리지 않는 사람은 침묵을 소중히 여깁니다. 단순히 인간적인 것을 전혀 사랑하지 않는 사람은 모든 사람을 사랑합니다. 그리고 사람들의 잘못이나 자기 자신의 의심스러운 생각들 때문에 아무에게도 화를 내지 않는 사람은 하나님과 신성한 것들에 대한 지식을 보유한 사람입니다.

38. 사물들에 마음이 끌리지 않는 것은 큰 성취입니다. 그러나 사물들과 우리가 사물로부터 끌어내는 개념적 이미지들에 직면해서도 감정에 좌우되지 좌우되지 않는 것은 훨씬 더 큰 성취입니다.

39. 사랑과 절제는 사물들에 대해 우리가 형성하는 개념적 이미지들에 직면해서도 지성이 감정에 좌우되지 않게 유지해 줍니다.

40. 하나님의 사랑을 누리는 사람의 지성은 사물들이나 사물들에 대한 개념적 이미지들과 싸우는 것이 아니라 이런 이미지들과 연결된 정욕들과 싸웁니다. 예를 들어, 그 지성은 한 여인이나 여인의 기분을 상하게 한 남자, 심지어 그것이 그들에 대하여 형성하는 이미지들과 싸우

는 것이 아니라 그 이미지들과 연결된 정욕들과 싸우는 것입니다.

41. 수도사가 마귀들과 싸우는 전반적인 목적은 정욕들을 개념적 이미지들에서 분리하는 것입니다. 그렇지 않을 경우, 수도사는 공정하게 사물을 바라볼 수 없을 것입니다.

42. 사물과 개념적 이미지, 그리고 정욕은 서로 아주 다릅니다. 예를 들어, 남자와 여자, 금 등은 사물들입니다. 개념적 이미지들은 이러한 사물들에 대한 정욕에서 자유로운 생각들입니다. 정욕은 이러한 동일한 사물들에 대한 분별 없는 애착이나 무분별한 증오입니다. 그러므로 수도사의 싸움은 정욕과의 싸움입니다.

43. 정욕적인 개념적 이미지는 정욕과 개념적 이미지가 결합된 생각입니다. 우리가 정욕을 개념적 이미지에서 분리하면, 정욕에서 자유로운 생각만이 남게 됩니다. 우리는 영적인 사랑과 절제를 통해 이러한 분리를 이룰 수 있습니다.

44. 덕들은 지성을 정욕들로부터 분리시키고, 영적 관상은 사물들에 대한 정욕에서 자유로운 개념적 이미지들로부터 지성을 분리시키고, 순수한 기도는 지성을 하나님

자신의 임재 안으로 인도합니다.

45. 덕들은 피조물들에 대한 지식을 위해 존재하고, 지식은 이해하는 사람을 위해 존재하며, 이해하는 사람은 무지(unknowing)를 통해 알려지시며 모든 지식을 초월해서 아시는 분을 위해서 존재합니다.

46. 모든 충만함을 넘어 충만하신 하나님이 피조물들을 존재하게 하신 것은 그분이 어떤 것을 필요로 하셨기 때문이 아니라, 피조물들이 그들의 능력에 비례하여 그분 안에 참여하며, 즐거워하며, 그분의 무궁무진한 선물들로 항상 넘쳐 흐를 정도로 가득 차 있는 것을 보심으로 자신께서 행하시는 일들로 말미암아 즐거워하시기(시편 104:31 참조) 위함입니다.

47. 세상에는 심령이 가난하기는 하지만 올바르지 못한 방식으로 사는 사람들이 많습니다. 애통하기는 하지만 얼마간의 재산을 잃거나 자신들의 자녀의 죽음으로 인하여 그런 사람들이 많고, 온유하기는 하지만 부정한 정욕에 대해서 그런 사람들이 많고, 주리고 목마르지만 오직 자기에게 속하지 않은 것을 손에 넣고 불의한 목적으로 유익을 얻기 위해 그런 사람들이 많고, 긍휼히 여기되 오직 자기들의 육신과 육신에 속한 것들에 대해 그런 사람

들이 많고, 마음이 청결하기는 하지만 자부심을 위해 그런 자가 많습니다. 화평케 하지만 영혼을 육체에 복종시킴으로써 그렇게 하는 사람들이 많고, 핍박을 받지만, 행악자들인 경우가 많고, 비방을 받지만 부끄러운 죄 때문에 그런 사람들이 많습니다.

오직 그리스도를 위하여 그리고 그분을 본받아서 이런 일들을 행하거나 고난을 받는 사람들만이 복이 있습니다. 그 이유가 무엇입니까? 천국이 그들의 것이며, 그들이 하나님을 볼 것이기 때문입니다(마태복음 5:3-12 참조). 그들은 이러한 일들을 행하거나 고난을 겪기 때문에 복이 있는 것이 아닙니다. 왜냐하면, 우리가 앞서 언급한 사람들이 같은 일을 하기 때문입니다. 그들이 복이 있는 것은, 그들이 그리스도를 위하여 그리고 그분을 본받아 그런 일을 행하고 고난을 받기 때문입니다.

48. 여러 번 언급했듯이, 하나님은 우리가 행하는 모든 일이 하나님을 위한 것인지 아니면 어떤 다른 목적을 위한 것인지를 보시기 위해 우리의 동기를 살피십니다. 따라서, 우리는 인기를 얻기 위해 선을 행해서는 안 됩니다. 우리는 하나님을 위해 모든 일을 할 수 있도록, 시선을 항상 그분께 고정하고 그분을 우리의 목표로 삼아야

합니다. 그렇지 않으면, 그런 행위에 따르는 모든 수고에도 불구하고 여전히 상급을 잃게 될 것입니다.

49. 기도하는 중에 인간적인 것들에 대한 정욕에서 자유로운 개념적 이미지들과 피조물들에 대한 관상을 지성으로부터 제거하십시오. 그렇지 않으면, 저급한 것들을 상상하는데 가운데, 모든 피조물보다 비교할 수 없을 정도로 더 위대하신 그분에게서 멀어질 수 있습니다.

50. 하나님에 대한 진정한 사랑을 통해 우리는 정욕들을 몰아낼 수 있습니다. 하나님에 대한 사랑이란 세상보다 하나님을 선택하고, 육신보다 영혼을 선택하며, 이 세상에 속한 것들을 멸시하고, 절제와 사랑, 기도와 찬송 등을 통해 하나님께 끊임없이 헌신하는 것입니다.

51. 우리가 끈질기게 하나님께 헌신하며 영혼의 감정적인 측면을 주의 깊게 살피면, 생각들이 일으키는 자극에 쉽게 영향을 받지 않게 됩니다. 오히려, 우리는 그 원인을 더 정확히 파악하고 차단함으로써 더 큰 분별력을 소유하게 됩니다. 이런 식으로 다음과 같은 말씀이 우리에게 적용됩니다. "내 원수들이 보응 받는 것을 내 눈으로 보며, 일어나 나에 대항해 일어나는 행악자들이 보응 받는 것을 내 귀로 들었도다"(시편 92:11, 칠십인경).

52. 지성이 세상에 속한 개념적 이미지들을 반영하고 존중하며, 공정한 태도로 고찰하는 것을 볼 때, 당신의 육신 또한 계속해서 순수하고 죄가 없음을 확신할 수 있을 것입니다. 하지만 당신의 지성이 죄에 관한 생각들로 가득 차 있음을 보고도 그것들을 억제하지 않는다면, 당신의 육신 또한 머지않아 그러한 죄들에 빠지게 될 것입니다.

53. 육체의 세계가 사물들로 이뤄진 것처럼, 지성의 세계는 개념적 이미지들로 이뤄져 있습니다. 그리고 육체가 한 여자의 육체와 더불어 간음하듯이, 지성은 자신의 육체를 형상화하면서 한 여인에 대한 개념적 이미지와 음행을 합니다. 그것은 지성이 마음속에서 한 여인의 형상과 성교를 하는 그 자신의 육체의 형태를 보기 때문입니다. 비슷하게도 지성은 자신의 육체의 형상을 통해 자신을 모욕한 사람의 형상을 정신적으로 공격합니다. 이것은 다른 죄들의 차원에 있어서 동일합니다. 육체가 사물들의 세계에서 실행하는 것을 지성은 개념적 이미지들로 구성된 세계에서 실행합니다.

54. 성부 하나님께서 아무도 심판하지 아니하시고, 모든 심판을 아들에게 맡기셨다는 사실에 우리는 경악하거나

놀라지 말아야 합니다(요한복음 5:22 참조). 성자는 우리에게 이렇게 가르치십니다. "비판을 받지 아니하려거든 비판하지 말라"(마태복음 7:1). "정죄하지 말라, 그리하면 너희가 정죄를 받지 않을 것이요"(누가복음 6:37). 사도 바울은 비슷하게 말합니다. "때가 이르기 전, 곧 주께서 오시기까지 아무것도 판단하지 말라"(고린도전서 4:5). "남을 판단하는 것으로 네가 너를 정죄함이니"(로마서 2:1). 그러나 사람들은 그들 자신의 죄 때문에 우는 것을 포기하고, 성자로부터 심판을 빼앗았습니다. 마치 그들이 죄가 없는 것처럼, 그들 자신이 서로를 판단하고 정죄합니다. "하늘이 이를 기이히 여겼고"(예레미야 2:12, 칠십인경) 땅이 떨었지만, 완고한 사람들은 부끄러움을 모릅니다.

55. 다른 사람들의 죄들로 분주하고 의심에 근거해서 자기 형제를 판단하는 사람은 아직도 회개하거나 큰 납덩이보다 진정으로 더 무거운 그 자신의 죄를 찾고자 자신을 살펴보는 일을 아직 시작조차 못 한 사람입니다. 그는 허영을 사랑하고 거짓을 좇을 때 마음이 무거워지는 이유를 알지 못합니다(시편 4:1 참조). 그렇기 때문에, 어둠 속을 걷는 어리석은 사람처럼 그는 더 이상 자신의 죄를 돌보지 않고, 이러한 죄들이 진짜인지 아니면 자신의 의심

스러운 마음의 산물들인지 상관없이 자신의 상상이 다른 사람의 죄들에 몰두하도록 놓아두는 것입니다.

56. 자주 언급되었듯이, 자기애는 모든 정욕적인 생각들의 원인입니다. 그것으로부터 욕망에 속하는 세 가지 주요한 생각들이 일어나기 때문입니다. 탐식과 탐욕과 자만심이 그것입니다. 탐식에서 부정한 생각이 일어나고, 탐욕에서 탐욕스러운 생각이 일어나며, 자만심에서 교만한 생각이 일어납니다. 나머지 모든 것, 즉 분노, 분개, 원한, 나태함, 시기, 험담 등에 대한 생각들은 이 세 가지 중 어느 하나로 말미암은 결과입니다. 그런 다음에, 이러한 정욕들은 지성을 물질적인 것들에 묶어 땅으로 끌어 내려 거대한 하나의 돌처럼 누릅니다. 본질적으로 지성은 불보다도 더 가볍고 신속함에도 불구하고 말입니다.

57. 모든 정욕의 근원은 자기애입니다. 정욕들의 완성은 교만입니다. 자기애는 육신을 분별없이 사랑하는 것입니다. 자기애를 제거하는 사람은 그것으로부터 임하는 모든 정욕을 동시에 제거합니다.

58. 부모가 자기들의 육신의 열매인 자녀들에게 각별한 애정을 품는 것처럼, 지성도 자연스럽게 자신의 생각들에 집착합니다. 열렬히 사랑하는 부모의 눈에는 자기들

의 자녀들이 모든 면에서 가장 어리석더라도 가장 유능하고 가장 아름답게 보이듯이, 어리석은 지성에게는 자신의 생각들이 비록 전적으로 타락했을지라도 모든 것들 중에서 가장 지적인 것처럼 보입니다. 지혜로운 사람은 자신의 생각들을 이런 식으로 보지 않습니다. 그가 자기 자신의 판단을 가장 불신하는 것은 자기 생각이 참되고 선하다고 확신할 때입니다. 그는 자신이 헛되이 달음박질하지 않도록(갈라디아서 2:2 참조), 지혜로운 사람들을 그의 생각들과 논증들을 판단하는 기준으로 삼고, 그들로부터 확신을 얻습니다.

59. 당신이 탐식, 음란, 분노, 또는 탐욕과 같은 더 역겨운 정욕들 중에 하나를 극복할 때, 자만하는 생각이 즉시로 당신을 공격합니다. 당신이 이런 생각을 물리친다면, 교만한 생각이 뒤를 잇게 됩니다.

60. 영혼을 지배하는 모든 역겨운 정욕들은 영혼으로부터 자만심에 대한 생각을 끌어냅니다. 그러나 이러한 모든 정욕들을 물리치더라도, 자만심은 여전히 통제되지 않은 상태로 남게 됩니다.

61. 자만심은 제거되든지 남아 있든지 간에 교만을 낳습니다. 교만이 제거될 때에 자만심을 낳고, 교만이 남아

있을 때는 자랑을 낳습니다.

62. 자만심은 덕들을 은밀하게 실천함으로써 근절되고, 교만은 우리의 성취들을 하나님께 돌릴 때 제거됩니다.

63. 하나님을 아는 지식을 선물로 받고, 그것에게서 오는 즐거움을 온전히 누리는 사람은 영혼의 갈망하는 힘이 만들어내는 모든 즐거움을 멸시합니다.

64. 세속적인 것들을 원하는 사람은 음식이나 그의 성적 욕망을 만족시켜 주는 것들, 인간적인 명성이나 재물, 또는 이런 것들의 결과로 일어나는 어떤 것을 원합니다. 지성은 그 욕망을 이전시킬 수 있는 더 고귀한 것을 발견하지 못하는 한, 이러한 것들을 완전히 멸시하지 못할 것입니다. 하나님과 신성한 것들에 대한 지식은 이 세상의 것들보다 비할 데 없이 더 고귀합니다.

65. 감각적인 쾌락들을 멸시하는 사람들은 두려움이나 희망, 또는 하나님에 대한 지식과 사랑으로 인하여 그렇게 합니다.

66. 신성한 것들에 대한 정욕에서 자유로운 지식은 물질적인 것들을 전적으로 멸시하도록 지성을 설득하지 않습니다. 그것은 어떤 감각적인 것에 대한 정욕에서 자유로운 생각과 같습니다. 그러므로 다양한 지식을 보유하면

서도 수렁에 빠진 돼지처럼 육신의 정욕들 안에서 여전히 뒹구는 많은 사람들을 발견할 수 있습니다. 그들은 근면함을 통해서 일시적으로 자신들을 정화하고 지식을 얻지만, 그런 후에 게을러집니다. 이런 점에서 그들은 사울을 닮았습니다. 사울은 왕국을 부여받았지만, 스스로 합당하지 않게 행동하여 무서운 진노로 쫓겨났기 때문입니다(사무엘상 10-15장 참조).

67. 인간적인 것들에 대한 정욕에서 자유로운 생각이 지성으로 하여금 신성한 것들을 멸시하게 만들지 못합니다. 마찬가지로, 신성한 것들에 대한 정욕에서 자유로운 지식도 지성으로 하여금 인간적인 것들을 멸시하도록 온전하게 설득하지 못합니다. 이 세상에서 진리는 그림자들과 추측들 속에 존재하기 때문입니다. 그것이 거룩한 사랑에 속한 복된 열정이 필요한 이유입니다. 그런 필요는 지성을 영적인 관상과 묶어주고, 물질적인 것보다 영적인 것을 선호하고, 감각들로 이해되는 것보다 지적이고 거룩한 것을 선호하도록 설득합니다.

68. 어떤 사람이 정욕을 제거하고 자신의 생각을 정욕에서 해방시켰다고 해서, 그의 생각이 이미 거룩한 것을 향하고 있음을 반드시 의미하지는 않습니다. 그는 인간적

인 것이나 신적인 것들에 대해서 전혀 큰 매력을 느끼지 못할 수 있습니다. 이것은 영적인 지식을 아직 얻지 못한 상태에서 단순히 금욕을 실천하는 삶을 사는 사람들의 경우에 일어납니다. 그러한 사람들은 형벌에 대한 두려움이나 하나님 나라에 대한 소망으로 정욕을 억제합니다.

69. "우리는 믿음으로 행하고 보는 것으로 행하지 아니하며"(고린도후서 5:7), 거울에 비친 것처럼 희미하게 상징들을 통해 영적인 지식을 얻습니다(고린도전서 13:12 참조). 따라서, 우리는 이러한 종류의 지식에 많은 시간을 할애해야 하며, 오랜 연구와 끊임없는 적용을 통해서 지속적인 관상의 상태에 도달할 수 있습니다.

70. 우리가 정욕의 원인을 잠시라도 제거하고 스스로 영적인 관상에 몰두하면서 그것을 유일하고 끊임없는 관심사로 삼지 않으면, 육체의 정욕으로 쉽게 돌아가서 자만심과 결합된 이론적인 지식 외에는 우리의 수고로부터 아무런 유익도 얻지 못합니다. 그 결과로 이런 지식 자체가 점차 어두워지고, 지성이 물질적인 것들을 전적으로 향하게 되는 것입니다.

71. 사랑이라는 정욕은 방향이 잘못될 때 물질적인 것들

로 지성을 점령하지만, 방향이 바를 때에는 지성을 신적인 것과 연합합니다. 지성은 자신이 주의를 기울이는 것 안에서 그 능력을 발전시키는 경향이 있습니다. 그리고 지성은 그 능력을 발전시키는 곳에서 그 욕망과 사랑을 인도할 것입니다. 지성은 신성하고, 이해 가능하고, 그 본성에 합당한 것으로 그것들을 인도하거나, 아니면 육신의 정욕과 사물들로 인도할 것입니다.

72. 보이지 않는 세상과 보이는 세상을 모두 창조하신 하나님은 분명히 영혼과 육신을 모두 지으셨습니다. 만약 보이는 세상이 그렇게 아름답다면, 보이지 않는 세계는 어떠하겠습니까? 그리고 만약 보이지 않는 세상이 보이는 세상보다 우월하다면, 그들의 창조주 하나님은 이 두 세상보다 얼마나 더 우월하시겠습니까? 만약 아름다운 모든 것을 지으신 창조주가 자신의 모든 피조물보다 더 우월하시다면, 지성은 어떤 근거로 모든 것보다 더 우월한 것을 버리고 모든 것 중에서 가장 나쁜 것, 즉 육체의 정욕에 몰두한다는 말입니까? 이런 일이 일어나는 것은 분명히 지성이 태어날 때부터 이러한 정욕과 더불어 살아왔으며 그것에 익숙해졌지만, 그럼에도 만물보다 뛰어나고 만물을 초월하시는 분을 아직 완전히 경험하지

못했기 때문입니다. 그러므로 우리가 쾌락에 빠져 방종하는 것을 통제하는 오랜 연습과 거룩한 실재들에 대한 지속적인 묵상을 통해서 이러한 관계로부터 지성을 점진적으로 분리한다면, 지성은 이러한 실재들에 점차 더 헌신할 것이며, 그 자신의 존엄성을 인식하게 되어, 마침내 자신의 모든 갈망을 하나님을 향하게 할 것입니다.

73. 형제의 죄에 대해서 감정에 치우침 없이 말하는 사람은 그를 바로잡거나 또 다른 사람을 이롭게 하기 위해 그렇게 합니다. 만일 그가 다른 어떤 이유로 그 형제 자신이나 다른 사람에게 말을 한다면, 그것은 그를 모욕하거나 조롱하기 위한 것입니다. 이런 경우에, 그는 하나님의 버림을 받을 수밖에 없을 것입니다. 도리어 그는 동일한 죄나 다른 죄들에 빠질 것이며, 다른 사람들의 책망과 질책을 받아 수치를 당하게 될 것입니다.

74. 죄인들이 동일한 죄를 범하는 것은 항상 동일한 이유 때문이 아닙니다. 그 이유는 다양합니다. 예를 들어, 습관의 힘을 빌려 죄를 범하는 것과 갑작스러운 충동에 사로잡혀 죄를 범하는 것은 별개의 문제입니다. 후자의 경우에, 그 사람은 죄를 범하기 전이나 후에 고의로 죄를 선택하지 않았습니다. 반대로, 그는 그 죄가 일어났다는

사실로 인해 깊이 고통스러워합니다. 습관의 힘 때문에 죄를 범하는 사람의 경우는 사뭇 다릅니다. 행위 자체를 하기 전에 그는 이미 생각으로 죄를 범하고 있었으며, 행위 후에도 여전히 동일한 마음의 상태에 머무는 것입니다.

75. 자만심을 위해 덕을 쌓는 사람은 또한 같은 이유로 영적 지식을 구합니다. 그런 사람은 다른 사람을 교화시키기 위해서는 분명히 아무 일도 하지 않고, 아무것도 논의하지 않습니다. 오히려 그는 항상 자기를 보거나 자기 말을 듣는 사람들의 칭찬을 구합니다. 이런 사람들 중의 일부가 그의 행동이나 말을 비난할 때에 그의 정욕이 겉으로 드러나게 됩니다. 그가 이런 일로 크게 괴로워하는 것은 사람들을 교화시키는 것(그것은 그의 목적이 아니었기 때문에)에 실패해서가 아니라 수치를 당했기 때문입니다.

76. 탐욕이라는 정욕의 존재는 어떤 사람이 받을 때는 즐거워하지만 베풀어야 할 때 분개할 때에 나타납니다. 그러한 사람은 재정담당자나 회계 담당자의 직무를 수행하기에 적합하지 않습니다.

77. 인간이 고통을 참는 것은 하나님에 대한 사랑, 상급에 대한 소망, 형벌에 대한 두려움, 사람에 대한 두려움,

자신의 본성, 쾌락, 이익, 자만심 때문입니다. 또는 불가피하기 때문입니다.

78. 죄악 된 생각에서 벗어나는 것과 정욕에서 해방되는 것은 별개의 문제입니다. 종종 인간은 자신의 정욕을 불러일으키는 대상들이 존재하지 않을 때 그러한 생각들에서 벗어나게 됩니다. 하지만 정욕은 영혼 속에 숨겨져 있으며, 사물들 자체가 존재할 때 모습을 드러냅니다. 그런 이유로, 사물들이 존재하는 곳에서 지성을 지켜야 하며, 지성이 어떤 사물에 정욕을 나타내는지를 분별해야 합니다.

79. 참된 친구는 고통과 궁핍, 그리고 재난을 끊임없이 겪고 있는 이웃의 시련을 마치 자신의 것인 양 침착하고 흔들림 없이 함께 겪는 사람입니다.

80. 당신의 양심을 멸시하지 마십시오. 양심은 항상 최선을 다할 것을 권고하기 때문입니다. 양심은 하나님과 천사들의 뜻을 당신 앞에 제시합니다. 양심은 당신을 마음의 은밀한 더러움에서 해방시켜 줍니다. 그리고 당신이 이생을 떠날 때, 하나님과의 친밀함이라는 선물을 선사해 줍니다.

81. 당신이 이해하고 절제하는 사람이 되고, 자만이라는

정욕의 노예가 되지 않기를 바란다면, 당신의 지식으로부터 감춰진 것을 피조물 가운데 꾸준히 찾으십시오. 당신의 주의를 벗어난 사물들이 무척이나 많다는 사실을 알게 될 때, 당신은 당신의 무지에 놀라고 당신의 주제넘음을 버리게 될 것입니다. 당신이 자신을 알게 될 때, 위대하고 놀라운 많은 일을 깨닫게 될 것입니다. 왜냐하면, 안다고 생각하는 것은 지식의 진보를 방해하기 때문입니다.

82. 진정으로 치유 받기를 바라는 사람은 치료를 거부하지 않습니다. 이러한 치료는 다양한 불행으로 초래되는 고통과 괴로움으로 이뤄집니다. 그것을 거부하는 사람은 자신들이 이 세상에서 무엇을 성취하는지, 또는 이 세상을 떠날 때 그것들로부터 무슨 유익을 얻을 것인지를 깨닫지 못합니다.

83. 자만심과 탐욕은 서로를 낳습니다. 자만심으로 가득 차 있는 사람은 부를 얻고, 부유한 사람은 자만심으로 가득 차게 됩니다. 그것이 세상에 살고 있는 사람들에게 일어나는 일입니다. 소유물들을 포기한 수도사의 경우에는 훨씬 더 자만심으로 가득 차게 됩니다. 하지만 수중에 돈이 있을 경우에는 부끄러워하며, 수도복을 입은 사람에

게 합당하지 않은 것으로 여겨 돈을 숨깁니다.

84. 수도사의 자부심의 표지는 자신의 덕과 그에 따른 결과들을 자랑하는 것입니다. 수도사의 교만의 표지는 자신의 성취들에 대해 자만하며, 이러한 성취들을 하나님이 아니라 자신에게 돌리며, 다른 사람들을 경멸하는 것입니다. 세속적인 자부심과 교만의 표지는 자신의 아름다움, 재물, 권력과 도덕적 판단에 대해 우쭐거리고 자만하는 것입니다.

85. 세속적인 사람의 성취들은 수도사의 실패가 되고, 수도사의 성취들은 세속적인 사람의 실패가 됩니다. 예를 들어, 세속적인 사람의 성취들은 부와 명예, 권력과 사치, 안락과 자녀, 그리고 이 모든 것에 따르는 결과입니다. 하지만 수도사가 그중에 어떤 것을 얻는다면, 그는 파멸에 이르게 됩니다. 수도사의 성취들은 소유물들을 완전히 버리는 것, 존경과 권력을 거부하는 것, 절제와 고난, 그리고 그에 따르는 모든 것입니다. 하지만 세상을 사랑하는 사람이 자기 뜻에 반하여 이런 것들을 얻을 경우에, 그는 이것을 큰 재앙으로 간주하며, 종종 스스로 목숨을 끊는 위험에 처하기도 합니다. 실제로 그렇게 한 사람들도 있습니다.

86. 음식은 영양과 치유를 위해 만들어졌습니다. 그러므로 이 두 가지 목적이 아닌 다른 목적들로 음식을 먹는 사람들은 방종하다는 비난을 받아야 합니다. 그들이 하나님께서 우리에게 사용하도록 주신 선물을 오용하기 때문입니다. 매사에 오용은 죄입니다.

87. 겸손은 눈물과 고통을 동반하는 끊임없는 기도에 있습니다. 이렇게 끊임없이 하나님께 도움을 청하는 것은 우리로 하여금 어리석게 스스로의 힘과 지혜를 더 신뢰하지 못하게 하고, 우리 자신들을 다른 사람들 위에 두지 못하게 합니다. 이런 것들은 교만의 정욕에 속하는 위험한 질병들입니다.

88. 정욕에서 자유로운 생각과 싸워서 그것이 정욕을 자극하지 못하게 하는 것과 정욕적인 생각과 싸워 그것이 정욕에 동의하지 못하게 하는 것은 별개의 문제입니다. 이러한 두 가지 형태의 반격은 생각들 자체가 지속되는 것을 방지합니다.

89. 분개는 원한과 연결되어 있습니다. 지성이 원한을 품은 형제의 얼굴을 연상할 때, 그에게 적의를 품고 있음이 분명히 드러나게 됩니다. "탐욕스러운 자의 길은 사망에 이르느니라"(잠언 12:28, 칠십인경). 왜냐하면 '탐욕을 품

는 자는 누구든지 범법자'이기 때문입니다(잠언 21:24, 칠십인경).

90. 당신이 누군가에게 원한을 품고 있다면, 그를 위해 기도하십시오. 그렇게 하면 정욕이 일어나는 것을 방지할 수 있을 것입니다. 기도를 통하여 당신은 그 사람이 당신에게 행한 잘못에 대한 생각으로부터 분개를 분리할 수 있을 것입니다. 당신이 그를 사랑하고 긍휼히 여기게 된다면, 당신의 영혼에서 정욕을 완전히 제거하게 될 것입니다. 만일 누군가가 당신에게 원한을 품는다면, 그 사람과 함께 있을 때 호의를 베풀고 겸손하게 상냥하게 대하십시오. 그러면 당신은 그를 그의 정욕에서 건져내게 될 것입니다.

91. 당신은 시기하는 사람의 분노를 억제하는 것이 어렵다는 것을 알게 될 것입니다. 왜냐하면, 그 사람이 당신을 부러워하는 것을 자신의 불행이라 여기기 때문입니다. 그의 정욕을 불러일으키는 대상을 그로부터 숨기지 않는 한, 당신은 그의 질투심을 억제할 수 없습니다. 이런 대상이 많은 사람에게 유익이 되지만 그 사람을 원한으로 채우게 만든다면, 당신은 어느 편을 들겠습니까? 당신은 다수를 도와야 하지만, 가능한 한 그 사람을 무시

하지 말고, 정욕 자체의 교활함에 현혹되지 말아야 합니다. 왜냐하면, 당신은 정욕이 아니라 고통받는 자를 옹호하고 있기 때문입니다. 당신은 겸손하게 그 사람을 당신보다 더 우월하다고 생각해야 하며, 항상, 어디서나, 모든 문제에서, 그의 이익을 당신의 이익보다 우선시해야 합니다. 당신 자신의 시기에 관해서는, 당신이 부러워하는 사람이 기뻐할 때마다 함께 기뻐하고 그가 슬플 때마다 슬퍼하는지를 보고 확인할 수 있을 것입니다. 그리하여 "즐거워하는 자들과 함께 즐거워하고, 우는 자들과 함께 울라"(로마서 12:15)라는 사도 바울의 말씀을 성취하게 되는 것입니다.

92. 우리의 지성은 천사와 마귀 사이에 있습니다. 천사와 마귀는 각기 자기의 목적을 위해 일합니다. 천사는 덕을 장려하는 반면에, 마귀는 악덕을 장려합니다. 지성은 자신이 원하는 것을 따르거나 거부할 수 있는 권위와 능력을 모두 갖추고 있습니다.

93. 천사의 능력은 우리가 거룩한 것을 향하도록 촉구합니다. 또한, 우리의 타고난 직감과 정직한 의도가 우리를 지원합니다. 하지만 정욕과 악한 의도는 마귀들의 도발을 강화해 줍니다.

94. 지성이 순수할 때, 때로는 하나님께서 친히 지성에게 가까이 임하셔서 가르쳐 주십니다. 때로는 천사의 능력이나 지성이 관상하는 피조물들의 본성이 거룩하다는 사실을 암시해 줍니다.

95. 영적인 지식을 부여받은 지성은 개념적 이미지들을 정욕으로부터 자유롭게 하고, 그 관상이 흔들리지 않게 하며, 기도하는 상태가 흔들리지 않게 해야 합니다. 하지만 지성은 마귀들의 책략에 가려져 있기 때문에, 마귀들이 육신을 통해 침입하지 못하도록 항상 감시할 수는 없습니다.

96. 우리를 고통스럽게 하는 것들이 우리를 화나게 하는 것들과 항상 동일한 것은 아닙니다. 우리를 화나게 하는 것들보다 고통스럽게 하는 것들이 훨씬 더 많습니다. 예를 들어, 어떤 물건이 파손되었거나 분실되었다는 사실, 또는 특정한 사람이 죽었다는 사실은 우리를 고통스럽게 할 수 있을 뿐입니다. 그러나 우리에게 신성한 철학의 정신이 부족할 때, 다른 것들이 우리를 고통스럽게 하고 화나게 할 수 있습니다.

97. 지성이 물질적인 대상들에 대한 개념적 이미지들에 주의를 기울일 때, 각각의 이미지의 배치에 동화됩니다.

이러한 대상들을 영적으로 관상할 때, 지성은 관상하는 대상에 따라 다양한 방식으로 변형됩니다. 하지만 지성이 일단 하나님 안에서 자리를 잡으면, 형태와 배치를 모두 상실합니다. 왜냐하면, 단순하신 하나님을 관상함으로써, 지성 자체가 단순해지고 영적인 광채로 완전히 채워지기 때문입니다.

98. 영혼의 감정적인 측면이 전적으로 하나님을 향하고 있다면, 그 영혼은 완전합니다.

99. 완전한 지성은 참된 믿음을 통해, 그리고 모든 무지(unknowing)를 초월하는 방식으로 절대적으로 알려질 수 없는 분을 절대적으로 아는 지성을 의미합니다. 지성은 하나님의 피조물 전체를 살펴보면서 하나님으로부터 그것을 다스리시는 섭리와 심판에 대한 포괄적인 지식을 인간에게 가능한 만큼 부여받았습니다.

100. 시간은 세 가지로 나눠집니다. 믿음은 세 가지 모두와 공존하고, 소망은 한 가지와 공존하며, 사랑은 나머지 두 가지와 공존합니다. 더욱이, 믿음과 소망은 특정한 시점에 이르기까지 지속됩니다. 하지만 무한을 초월하시는 하나님과의 하나 됨을 초월하여 연합된 사랑은 영원토록 지속될 것이며, 모든 측량을 넘어 계속 증가될 것입니다.

그것이 "그중에 제일은 사랑이라"(고린도전서 13:13)라고 말하는 이유입니다.

301-400

1. 첫째로, 지성은 그토록 열망하는 끝없는 바다 같은 하나님의 절대적인 무한하심을 숙고할 때 경탄합니다. 다음으로, 하나님이 무(無)에서 만물을 존재하게 하신 방법에 놀라게 됩니다. 하지만 "그의 위대하심이 무궁하시다"(시편 145:3, 칠십인경)라는 말씀처럼, "어떤 것도 그분의 목적을 꿰뚫지 못합니다"(이사야 40:28).

2. 지성이 그렇게 광대하고 놀라움을 초월한 선(善)이라는 바다를 관상할 때, 어떻게 경탄하지 않을 수 있겠습니까? 또는 지능과 지성을 부여받은 자연과 물질적인 육체들을 구성하는 네 가지 요소가 어떻게, 그리고 어떤 근원에서 존재하게 되었는지를 숙고할 때, 이 어찌 놀라운 일이 아니겠습니까? 그 요소들이 어떤 물질이 생성되기 전에 존재하지 않았다는 사실을 고려한다면 말입니다. 일단 실현된다면, 이러한 것들이 존재할 가능성은 어느 정도였습니까? 하지만 인간의 지성을 초월하는 전능한 선과 그에 따르는 효과적인 지혜와 지식에 무지한 이교도인 그리스 철학자들을 따르는 사람들은 이 모든 것을 받

아들이지 않습니다.

3. 하나님은 영원부터 창조주이시며, 동일한 본질을 가진 로고스와 성령을 통해서 그분의 무한하신 선하심 안에서 그분이 원하실 때 창조하십니다. "하나님이 영원부터 선하시다면 어떤 특정한 순간에 창조하신 이유가 무엇입니까?"라는 이의를 제기하지 마십시오. 무한한 본질에 속한 측량할 수 없는 지혜는 인간의 지식의 범위 안에 포함되지 않기 때문입니다.

4. 창조주께서는 원하신 때에, 영원부터 그분 안에 이미 존재했던 피조물들에 대한 지식을 존재하게 하시고 나타내셨습니다. 전능하신 하나님의 경우에, 그분이 그렇게 원하시는 때에, 무엇에든지 존재를 부여하실 수 있다는 사실을 의심하는 것은 어리석은 일입니다.

5. 하나님이 창조하신 이유를 배우려고 노력하십시오. 그것이 참된 지식이기 때문입니다. 하지만 하나님이 창조하신 방법, 또는 비교적 최근에 창조하신 이유를 알려고 하지는 마십시오. 그것이 신적인 실재들을 이해할 수 있는 지성의 범위에 속하지 않기 때문입니다. 우리 인간이 이해할 수 있는 것들도 있지만, 그럴 수 없는 것들도 있습니다. 성인 중에 한 분이 언급했듯이, 억제되지 않은

추측은 성급한 인간을 절벽으로 몰아갈 수 있습니다.

6. 어떤 사람들은 피조된 질서가 영원부터 하나님과 공존해 왔었다고 말하지만, 이것은 불가능한 일입니다. 모든 면에서 유한한 사물들이 어떻게 전적으로 무한하신 분과 영원부터 공존할 수 있겠습니까? 또는 그것들이 창조주와 함께 영원하다면 어떻게 실제로 피조물들일 수 있겠습니까? 이런 개념은 신은 절대로 존재를 창조한 분이 아니라 단지 속성들을 창조한 분이라고 주장하는 이교도인 그리스 철학자들에게서 유래된 것입니다. 하지만, 전능하신 하나님을 아는 우리는 그분이 피조물들의 속성들뿐 아니라 존재 역시 창조하신 분이라고 주장합니다. 이것이 사실이라면, 피조물들은 영원부터 하나님과 공존해 오지 않았습니다.

7. 신성과 신적인 실재들은 어떤 면에서는 알 수 있고, 어떤 면에서는 알 수 없습니다. 하나님의 본질에 속한 것을 관상하는 중에 그 실재들을 알 수 있지만, 그 본질 자체에 관해서는 알 수 없습니다.

8. 성 삼위일체의 단순하고 무한한 본질 안에 있는 상태들과 속성들을 찾으려고 하지 마십시오. 그렇지 않으면, 당신은 삼위일체를 피조물들처럼 복합적인 존재로

생각하는 결과를 초래하게 됩니다. 하나님의 경우에, 그렇게 하는 것은 어리석고 참람한 일입니다.

9. 전능하시고 만물을 창조하시는 무한하신 존재만이 단순하시고, 유일하시며, 제한이 없으시고, 평화로우시고, 안정되십니다. 존재와 우연으로 구성된 모든 피조물은 복합적이며, 항상 신적인 섭리를 필요로 합니다. 왜냐하면 모든 피조물은 변화로부터 자유롭지 못하기 때문입니다.

10. 지성적인 본성과 감각적인 본성은 하나님에 의해 존재하게 되었을 때, 피조물들을 이해할 수 있는 능력을 부여받았습니다. 지성적인 본성은 사고하는 능력을 부여받았고, 감각적인 본성은 감각을 통해 인식할 수 있는, 감각-지각의 능력을 부여받았습니다.

11. 하나님은 참여의 대상이 되실 뿐입니다. 창조는 참여하는 동시에 전달합니다. 즉, 창조는 존재와 복된-존재에 참여하지만, 복된 존재만을 전달합니다. 하지만 유형적인 본성과 영적인 본성은 서로 다른 방식으로 복된 존재를 전달합니다.

12. 영적인 본성은 말과 행동과 관상의 대상이 됨으로써 복된-존재를 전달합니다. 반면에 유형적인 본성은 관상

의 대상이 됨을 통해서만 복된-존재를 전달합니다.

13. 지능과 지성을 부여받은 본성이 영원히 존재하는지의 여부는 모든 피조물을 선하게 창조하신 창조주의 의지에 달려 있습니다. 하지만 그러한 본성이 선한 것인지 나쁜 것인지는 본성 자체의 의지에 달려 있습니다.

14. 악은 피조물들의 본질이 아니라 피조물들의 그릇되고 어리석은 동기에 주입됩니다.

15. 영혼의 동기는 영혼의 갈망하는 힘이 절제에 종속될 때, 분개하는 힘이 미움을 거부하고 사랑을 고수할 때, 그리고 기도와 영적 관상을 통해 지성에 대한 영혼의 힘이 하나님께로 나아갈 때 바르게 질서가 잡힙니다.

16. 시련을 당할 때, 고통을 인내하며 견디지 않고, 영적인 형제들의 사랑에서 스스로 떨어져 나가는 사람은 완전한 사랑이나 하나님의 섭리에 대한 깊은 지식을 아직 소유하지 못한 사람입니다.

17. 하나님의 섭리의 목적은 악덕으로 인해 다양한 방식으로 분리된 사람들을 참된 믿음과 영적인 사랑을 통해서 연합하시는 것입니다. 실제로 구주께서는 "그가 흩어진 하나님의 자녀를 하나로 모으기 위해"(요한1서 1:52) 자신의 고난을 참으셨습니다. 이처럼 단호하게 환난을 견

디고, 고통을 참으며, 역경을 인내하며 헤쳐가지 않는 사람은 하나님의 사랑의 길과 섭리의 목적에서 벗어난 사람입니다.

18. 만약 "사랑이 오래 참고 온유"하다면(고린도전서 13:4), 자신이 고난에 직면하여 용기를 잃어버리고 자신을 화나게 한 사람에게 악하게 행동하고 그들을 사랑하기를 그친 사람은 분명히 하나님의 섭리의 목적에서 벗어난 사람입니다.

19. 당신을 형제로부터 분리시키는 악덕이 형제에게 있고 당신에게 있지 않도록 스스로 조심하십시오. 지체 없이 그 형제와 화목하여 사랑의 계명에서 벗어나지 않도록 하십시오.

20. 사랑의 계명을 업신여기지 마십시오. 왜냐하면, 그 계명을 통해 당신이 하나님의 아들이 될 것이기 때문입니다. 하지만 그 계명을 어기면, 당신은 지옥의 아들이 될 것입니다.

21. 우리를 친구들의 사랑에서 분리시키는 것은 시기하는 것과 시기를 받는 것, 해를 끼치는 것과 해를 입는 것, 모욕하는 것과 모욕을 당하는 것, 그리고 의심 많은 생각들입니다. 당신이 이런 일들을 결코 행하거나 경험하지

않고, 이런 식으로 친구의 사랑에서 멀어지지 않기를 바랍니다.

22. 당신이 형제로 인해 시련을 당함으로 분개하여 그를 미워한 적이 있습니까? 이러한 미움에 굴복하지 말고, 사랑으로 미움을 정복하십시오. 당신의 형제를 위해 진심으로 하나님께 기도하고 그의 사과를 받아들임으로써 이렇게 하는데 성공할 수 있을 것입니다. 그렇지 않을 경우에, 당신이 스스로 사과하고 형제와 화해하며, 이 시련의 책임이 당신 자신에게 있다고 생각하고 구름이 지나갈 때까지 참을성 있게 기다림으로써 미움을 극복할 수 있을 것입니다.

23. 오래 참는 사람은 인내하면서 시련이 끝나기를 기다리며, 인내에 대한 상급이 주어지기를 바라는 사람입니다.

24. "오랫동안 고통을 당하는 사람은 지혜가 풍부"(잠언 14:29)합니다. 그가 모든 것을 끝까지 참고, 그 끝을 기다리면서 자신의 괴로움을 인내하며 견디기 때문입니다. 사도 바울이 말하듯이, 그 끝은 영원한 생명입니다(로마서 6:22 참조). "이것이 영생이니, 곧 유일하신 참 하나님과 그의 보내신 자 예수 그리스도를 아는 것이니이다"(요한복음

17:3).

25. 영적인 사랑을 가볍게 버리지 마십시오. 왜냐하면, 인간에게 있어 구원에 이르는 다른 길이 없기 때문입니다.

26. 오늘 마귀의 공격으로 당신 안에서 약간의 미움이 일어났다고 해서, 어제 당신이 신령하고 덕스러운 자로 여겼던 형제를 천박하고 악한 사람으로 판단하지 마십시오. 오직 오래 참는 사랑으로 당신이 어제 감지했던 선에 머물고, 오늘의 미움을 당신의 영혼에서 몰아내십시오.

27. 그 사람이 당신을 비난했기 때문에, 사랑을 미움으로 바꾸면서, 어제 당신이 선하고 덕스럽다고 칭찬했던 사람을 오늘은 천박하고 악한 사람으로 정죄하지 마십시오. 하지만 당신이 여전히 원망으로 가득하더라도, 그를 이전처럼 칭찬하십시오. 그러면 당신은 곧 동일한 구원의 사랑을 회복하게 될 것입니다.

28. 당신이 여전히 어떤 형제에게 은밀한 원한을 품고 있으므로, 다른 형제들과 대화를 나누는 중에 은밀하게 그 형제를 비난함으로써 평소에 했던 칭찬의 질을 떨어뜨리지 마십시오. 오히려, 다른 사람들과 함께 있을 때, 진심으로 그 친구를 칭찬하고 당신 자신을 위해 기도하

듯이 그를 위해 기도하십시오. 그러면 이러한 파괴적인 증오에서 머지않아 벗어나게 될 것입니다.

29. 당신의 마음에서 형제에 대한 생각을 단순히 지워버릴 때, "나는 내 형제를 미워하지 않는다"라고 말하지 마십시오. 다음과 같이 말하는 모세의 말에 귀를 기울이십시오. "마음으로 네 형제를 미워하지 말라. 그를 책망하라 그리하면 그를 인하여 죄를 짓지 아니하리라"(레위기 19:17, 칠십인경).

30. 만일 형제가 우연히 시험을 받아 계속해서 당신을 모욕한다면, 동일한 악한 마귀가 당신의 마음을 어지럽힐지라도, 사랑하는 상태에서 멀어지지 마십시오. 학대를 당할 때 축복하고, 중상을 당할 때 칭찬하며, 속임을 당할 때 당신의 사랑을 유지한다면, 당신은 그 상태에서 멀어지지 않을 것입니다. 이것이 그리스도의 길입니다. 만약 당신이 그 길을 따르지 않는다면, 그리스도의 교제에 동참하지 않는 것입니다.

31. 당신을 분개함으로 가득 차게 하고 당신의 형제를 미워하게 만드는 이야기를 전하는 사람들이 비록 진실을 말하는 것처럼 보일지라도, 당신에게 애정 어린 마음을 품고 있다고 생각하지 마십시오. 반대로, 그들이 독사들

인 것처럼 그들로부터 돌아서십시오. 그러면 당신은 그들로 하여금 비방하지 못하게 하고, 당신 자신의 영혼을 악에서 구할 수 있을 것입니다.

32. 모호한 말을 해서 형제를 짜증 나게 하지 마십시오. 그렇지 않으면, 그 형제도 당신을 똑같이 대할 수 있으며, 그 결과로 당신의 사랑과 그 형제의 사랑을 모두 몰아내게 됩니다. 오히려 솔직하고 자애롭게 형제를 책망해서, 분개의 근거들을 제거하고, 당신 자신과 형제를 당신의 짜증과 고통에서 해방 시키십시오.

33. 당신의 형제가 여전히 적대적인 태도를 취하는 것이 당신의 잘못인 경우에, 당신의 양심을 주의 깊게 살펴보십시오. 당신의 양심을 속이지 마십시오. 왜냐하면, 양심은 당신의 비밀을 알고 있고, 당신이 죽을 때 양심이 당신을 고소할 것이며, 기도할 때 그것이 걸림돌이 될 것이기 때문입니다.

34. 화평한 관계를 나눌 때, 두 사람 사이에 나쁜 감정이 있었을 때 형제가 한 말을 기억하지 마십시오. 비록 그 형제가 당신의 면전에서 불쾌한 말을 했거나 그가 다른 사람에게 당신에 관해서 한 말을 나중에 들었다 하더라도 말입니다. 그렇지 않으면 당신은 원한 맺힌 생각들을

품게 되고, 형제에 대한 파멸적인 증오로 되돌아갈 것입니다.

35. 하나님의 형상을 지닌 영혼은 사람에 대한 증오를 품는 동시에 계명들을 주시는 하나님과 화목할 수 없습니다. 왜냐하면, "너희가 사람의 잘못을 용서하지 아니하면 너희 천부께서도 너희 잘못들을 용서하지 아니하시리라"(마태복음 6:14-15 참조)라고 그분이 말씀하시기 때문입니다. 당신의 형제가 당신과 화목하게 살기를 원하지 않는다면, 그럼에도 그를 미워하지 않도록 당신 스스로 조심하고, 그를 위해 진심으로 기도하고, 누구에게든지 그를 욕하지 마십시오.

36. 거룩한 천사들이 누리는 완전한 평화는 그들의 사랑과 서로를 향한 그들의 사랑에 근거하고 있습니다. 이것은 태초부터 지금에 이르는 모든 성인들에게도 해당됩니다. 그러므로 "이 두 계명이 온 율법과 선지자의 강령이니라"(마 22:40)라고 가장 진실하게 기록되어 있습니다.

37. 자기 멋대로 하기를 그치면, 당신은 형제를 미워하지 않게 될 것입니다. 자신을 사랑하기를 그치십시오, 그러면 당신은 하나님을 사랑하게 될 것입니다.

38. 일단 당신이 영적 형제들과 삶을 나누기로 했다면,

당신 자신의 소원을 처음부터 버리십시오. 이렇게 하지 않는 한, 당신은 하나님이나 당신의 형제들과도 화목하게 살 수 없을 것입니다.

39. 완전한 사랑을 획득하고 그것에 합당하게 자신의 삶 전체를 조절하는 사람은 성령 안에서 '주 예수'라고 부르는 사람입니다(고린도전서 12:3 참조).

40. 하나님에 대한 사랑은 하나님과 교제 중인 지성에 날개들을 달아주기를 항상 열망합니다. 이웃에 대한 사랑은 그 사람에 대해 항상 선한 생각을 하게 합니다.

41. 여전히 헛된 명예를 사랑하거나 물질적인 대상에 집착하는 사람은 당연히 덧없는 일로 사람들에게 화를 내거나, 그들에 대하여 원한과 미움을 품거나, 부끄러운 생각들의 노예가 됩니다. 그런 것들은 하나님을 사랑하는 영혼에는 매우 낯선 것들입니다.

42. 당신의 마음속에 부끄러운 말이나 행동에 대한 생각이 전혀 없으며, 당신에게 상처를 주거나 비방한 사람에게 원한을 품지 않으며, 기도하는 동안에 당신의 지성을 물질과 형태로부터 항상 자유롭게 유지한다면, 당신은 충분한 무정념과 완전한 사랑을 획득했다고 확신할 수 있습니다.

43. 자만심에서 자유로워지는 것은 사소한 싸움이 아닙니다. 그러한 자유는 내적인 덕의 실천과 더 빈번한 기도를 통해 획득되어야 합니다. 그리고 당신이 그러한 자유를 얻었다는 표시는 당신을 학대하거나 학대해 온 사람에 대해서 더 이상 원한을 품지 않는 것입니다.

44. 만약 당신이 공정한 사람이 되기를 원한다면, 자신의 각 측면, 즉 당신의 영혼과 육신에 부합하는 것을 배정하십시오. 영혼의 지성적인 측면에는 영적 독서와 관상과 기도를 배정하십시오. 분개하는 측면에는 영적인 사랑과 미움과 반대되는 것을 배정하십시오. 갈망하는 측면에는 절제와 자제를 배정하십시오. 육신적인 부분에 먹을 것과 입을 것을 배정하는 이유는 이런 것들만이 필수적이기 때문입니다(디모데전서 6:8 참조).

45. 지성은 정욕을 제어하고 피조물들의 내적 본질들을 관상하며 하나님과 함께 거할 때, 본성에 부합되게 작용합니다.

46. 생명체의 몸이 건강과 질병과 갖는 관계는, 눈이 빛과 어둠과 갖는 관계, 영혼이 덕과 악덕과 갖는 관계, 그리고 지성이 지식과 무지와 갖는 관계와 같습니다.

47. 계명들, 교리들, 믿음은 그리스도인이 추구하는 철

학의 세 가지 대상입니다. 계명들은 지성을 정욕으로부터 분리시켜 줍니다. 교리들은 지성을 피조물들에 대한 영적 지식으로 이끌어 주며, 믿음은 성 삼위일체에 대한 관상으로 인도해 줍니다.

48. 영적인 길을 추구하는 사람 중에는 단지 정욕적인 생각들을 물리치는 사람이 있는가 하면, 정욕을 스스로 단절하는 사람도 있습니다. 그런 생각들은 시편 낭송이나 기도를 통해서, 또는 하나님께로 자신의 마음을 고양시키거나, 어떤 유사한 방식으로 주의를 집중함으로써 물리칠 수 있습니다. 정욕들은 그것들을 불러일으키는 그러한 대상들에게서 적절히 초연(超然)함을 통해 근절됩니다.

49. 예를 들어, 정욕들은 여인과 부, 명성 등에 의해서 우리 안에 일어납니다. 우리는 세상에서 물러난 후에 절제를 통해서 합당하게 육신을 쇠약하게 만들 때, 여인들과 관련해서 초연할 수 있습니다. 우리가 모든 일에 검소하기로 마음을 먹을 때, 부와 관련된 곳에서 초연할 수 있습니다. 하나님만이 보실 수 있는 방식으로 내적으로 덕들을 실천함으로써 명성에 대해서 무관심해질 수 있습니다. 우리는 다른 것들에 대해서도 비슷한 방식으로 행동

할 수 있습니다. 그러한 초연함을 성취한 사람은 누구도 미워하지 않을 것입니다.

50. 결혼과 재산, 그 밖의 세속적인 추구 같은 것들을 포기한 사람은 겉으로는 수도사이지만 내면적으로는 아직 수도사가 아닐 수 있습니다. 이러한 것들에 대한 정욕적인 개념적 이미지들을 포기한 사람만이 속사람, 즉 지성을 지닌 수도사가 되었습니다. 본인이 원할 경우에, 겉사람의 면에서 수도사가 되기는 쉽습니다. 그러나, 속사람의 면에서 수도사가 되기 위해서는 적지 않은 노력이 필요합니다.

51. 이 세대에 정욕적인 개념적 이미지들에서 완전히 해방되어, 중단되지 않는 순수하고 영적인 기도를 부여받은 사람이 있습니까? 하지만 이것은 내면적인 수도사의 표시입니다.

52. 많은 정욕이 우리 영혼 안에 숨겨져 있습니다. 정욕들은 그것들을 불러일으키는 대상들이 존재할 때에만 겉으로 드러날 수 있습니다.

53. 정욕들을 일으키는 대상들이 부재할 때, 우리는 부분적인 무정념의 상태를 누리고, 정욕들에 의해 동요되지 않을 수 있습니다. 하지만 일단 그러한 대상들이 존재

하게 되면, 정욕들은 신속하게 그 지성을 흐트러뜨립니다.

54. 당신의 정욕을 불러일으키는 대상이 존재하지 않을 때, 당신이 완전한 무정념을 누리고 있다고 상상하지 마십시오. 그 대상이 존재할 때, 그 대상과 그에 따르는 생각으로 동요되지 않는다면, 당신은 무정념의 영역에 들어섰음을 확신할 수 있습니다. 그러나 그런 상황에도 과신하지 마십시오. 습관적으로 실천하는 덕은 정욕들을 죽이지만, 그 덕을 등한시하면 정욕들이 다시 살아나게 됩니다.

55. 그리스도를 사랑하는 사람은 자신의 최선을 다해 그분을 본받게 됩니다. 예를 들어, 그리스도께서는 사람들에게 항상 축복을 베푸셨습니다. 사람들이 감사하지 않고, 그분을 모독하고, 때리고, 죽음에 처하게 할 때도 그분은 오래 참으셨습니다. 그분은 누구에게도 악을 전가하지 않으셨습니다. 이것들은 이웃 사랑을 나타내는 세 가지 행위입니다. 이런 일들을 행할 능력이 없다면, 자신이 그리스도를 사랑하거나 천국을 얻었다고 말하는 사람은 자신을 스스로 속이는 사람입니다. 왜냐하면, 주님께서 "나더러 주여 주여 하는 자마다 다 천국에 다 들어갈

것이 아니요, 다만 내 아버지의 뜻대로 행하는 자라야 들어가리라"(마태복음 7:21)라고 말씀하셨고, 또한 "나를 사랑하는 자는 내 계명을 지키리라"(요한복음 14:15, 23 참조)라고 말씀하셨기 때문입니다.

56. 구주의 계명의 온전한 목적은 지성을 방탕과 증오에서 자유롭게 하며, 지성을 그분과 이웃에 대한 사랑으로 인도하는 것입니다. 이 사랑으로부터 적극적이고 거룩한 지식의 빛이 솟아납니다.

57. 하나님께서 당신에게 어느 정도의 영적 지식을 주셨을 때, 사랑과 절제를 소홀히 하지 마십시오. 사랑과 절제가 일단 영혼의 감정적인 부분을 정화시키면, 이것이 그런 지식에 이르는 길을 당신을 위해 항상 열어 놓기 때문입니다.

58. 무정념과 겸손은 영적인 지식으로 이어집니다. 그것들 없이는 아무도 주님을 보지 못할 것입니다.

59. "지식은 교만하게 하여도 사랑은 덕을 세우"(고린도전서 8:1)기 때문에, 사랑을 지식과 결합시키십시오. 그러면 당신은 교만에서 벗어나 영적 건축가가 되어 당신 자신과 당신 곁으로 오는 모든 사람의 덕을 세워 줄 수 있을 것입니다.

60. 사랑이 덕을 세우는 것은 시기하지 않거나, 시기하는 사람에게 어떤 쓰라림이나 원통함을 느끼지 않으며, 시기심을 부추기는 것을 허세를 부리며 과시하지 않기 때문입니다. 사랑은 그 목적이 이미 이루어졌다고 간주하지 않고(빌립보서 3:13), 자신이 모르는 것에 대한 무지함을 서슴지 않고 고백합니다. 이런 이유로, 사랑은 지성을 오만에서 자유롭게 해주며, 지식에서 진보를 이룰 수 있도록 항상 구비시켜 줍니다.

61. 영적인 지식이 특히 초기 단계에서 자만심과 시기심을 낳는 것은 당연한 일입니다. 자만심은 단지 내면으로부터 생기고, 시기심은 내면과 외부로부터 생깁니다. 우리가 지식을 가진 사람에게 시기심을 느낄 때는 내면으로부터 생기고, 지식을 사랑하는 사람이 우리에게 시기심을 느낄 때는 외부로부터 생기는 것입니다. 사랑은 이 세 가지 결함을 모두 파괴합니다. 사랑은 교만하지 않으므로 교만을 파괴하고, 사랑은 시기하지 않으므로 내면으로부터 생긴 시기를 파괴하며, 사랑은 "오래 참고 온유하므로"(고린도전서 13:4) 외부로부터 생긴 시기를 파괴합니다(고린도전서 13:4). 따라서 영적 지식을 가진 사람은 사랑을 얻어야, 본인의 지성을 건강한 상태로 항상 유지할 수

있습니다.

62. 영적인 지식의 은혜를 받은 후에도 누군가에 대한 원망과 원한과 미움을 마음에 품는 사람은 가시와 엉경퀴로 자기 눈을 찌르는 사람과 같습니다. 그러므로 지식에는 반드시 사랑이 수반되어야 합니다.

63. 당신의 모든 시간을 육신에 바치지 말고, 그 힘에 비례하여 적절하게 당신의 육신에 금욕주의(asceticism)라는 수단을 적용하고, 그런 후에, 당신의 모든 지성이 내면에 있는 것을 향하게 하십시오. "육체의 금욕주의는 약간의 유익이 있으나, 진실한 헌신은 범사에 유익하니"(디모데전서 4:8).

64. 항상 내면생활에 집중하는 사람은 절제하고, 오래 참으며, 온유하고, 겸손합니다. 그는 또한 관상하고, 신학을 하고, 기도할 수 있을 것입니다. 이것이 바로 사도 바울이 "성령 안에서 행하라"(갈라디아서 5:16)라고 말했을 때 의미한 바입니다.

65. 영적인 길에 대해 무지한 사람은 정욕적인 개념적 이미지들을 경계하지 않고 오로지 육신에 전념합니다. 그는 탐식하거나, 방탕하거나, 원망이나 분노나 원한에 빠진 사람입니다. 그 결과로, 그는 자신의 지성을 어둡게

하거나, 과도한 금욕을 통해 자신의 마음을 혼란에 빠뜨립니다.

66. 성경은 하나님께서 우리에게 사용하도록 주신 것들을 금하지 않습니다. 하지만 성경은 무절제와 분별없는 행위를 정죄합니다. 예를 들어, 성경은 우리에게 먹는 것, 자녀를 낳는 것, 물질적인 것들을 소유하고 그것들을 적절하게 관리하는 것을 금하지 않습니다. 하지만 탐식과 음행 같은 것들을 금합니다. 그리고 이런 일들에 대해 생각하는 것을 금하지는 않습니다. 이런 일들은 생각의 대상이 되도록 만들어졌기 때문입니다. 하지만 성경은 정욕을 품은 채로 이런 일들에 대해 생각하는 것을 금하고 있습니다.

67. 우리가 하나님을 위해서 행하는 일 중에는 계명들에 순종함으로 행하는 일이 있는 반면에, 계명들에 순종하는 것이 아니라, 말하자면 자원해서 드리는 제물로 행하는 일이 있습니다. 예를 들어, 계명은 우리가 하나님과 이웃을 사랑하고, 우리의 원수들을 사랑하며, 간음이나 살인 등을 행하지 말라고 요구합니다. 그리고 이러한 계명들을 어길 때, 우리는 정죄함을 받습니다. 하지만 우리는 처녀로 살거나, 결혼을 삼가거나, 재산을 포기하거나,

물러나서 은둔생활을 하라는 등의 명령을 받지 않았습니다. 이것들은 본질상 은사에 속하기 때문에, 우리가 연약함으로 인해 계명 중 일부를 이행할 수 없는 경우에, 이러한 자유로운 은사들을 통해 우리의 복되신 주님과 화목할 수 있게 하기 위해서입니다.

68. 독신과 순결을 존중하는 사람은 허리에 띠를 띠고 등불을 켜고 있어야 합니다(누가복음 12:35 참조). 그는 절제로 허리에 띠를 띠고, 기도와 관상과 영적인 사랑을 통해서 등불을 밝히고 있어야 합니다.

69. 어떤 형제들은 자기들이 성령이 은혜로 주시는 은사에서 제외되었다고 생각합니다. 그들은 계명들을 실천하는데 게으르기 때문에, 그리스도를 온전히 믿는 사람이 그 내면에 거룩한 은사들 전부를 소유하고 있다는 사실을 알지 못합니다. 우리의 게으름이 원인이 되어, 그리스도를 향한 적극적인 사랑, 즉 우리 안에 있는 신성한 보화들을 보여 주는 사랑을 소유하는 것과 거리가 멀기 때문에, 당연히 이런 은사들에서 제외되었다고 생각하는 것입니다.

70. 사도 바울이 말하듯이, 그리스도가 믿음을 통해 우리 마음에 거하시고(에베소서 3:17 참조), 지혜와 영적 지식의

모든 보화가 그분 안에 감춰져 있다면(골로새서 2:3 참조), 지혜와 영적인 지식의 모든 보화가 우리 마음에도 감춰져 있습니다. 보화들은 계명들을 사용해 우리가 정결케 되는 것에 비례하여 마음에 계시됩니다.

71. 이것이 당신의 게으름으로 인해 아직 발견하지 못했던(마태복음 13:44 참조), 마음의 밭에 숨겨진 보화입니다. 만일 당신이 그것을 찾았더라면, 모든 것을 팔아서 그 밭을 샀을 것입니다. 하지만, 지금 당신은 그 밭을 버려두고 가시덤불과 엉겅퀴만이 자라고 있는 가까이 있는 땅에 모든 주의를 기울이고 있습니다.

72. 이것이 구주께서 "마음이 청결한 자는 복이 있나니, 저희가 하나님을 볼 것이요"(마태복음 5:8)라고 말씀하신 이유입니다. 왜냐하면, 하나님은 그분을 믿는 자들의 마음 속에 숨어 계시기 때문입니다. 사랑과 절제를 통해 자신을 정결케 했을 때, 그들은 하나님과 그분 안에 있는 부요함을 보게 될 것입니다. 그리고 그들의 청결함이 더 할수록 더 많은 것을 보게 될 것입니다.

73. 그것이 주님께서 "네 소유를 팔아 구제하라"(누가복음 12:33), "만물이 네게 깨끗한 줄을 알게 되리라"(누가복음 1:41)고 말씀하신 이유입니다. 이것은 더 이상 육신과 관

런된 일들에 시간을 보내지 않고 증오와 방탕으로부터 지성(주님이 '마음'이라고 부르시는)을 정결하게 하기 위해서 애를 쓰는 사람들에게 적용됩니다. 왜냐하면, 이런 것들은 지성을 더럽히며, 지성 안에 거하시는 그리스도를 볼 수 없게 하기 때문입니다. 그것은 그분이 거룩한 세례의 은혜를 통해서 지성 안에 거하시기 때문입니다.

74. 성경에서는 덕들을 '길들'이라 부릅니다. 모든 덕 중에서 가장 위대한 것은 사랑입니다. 그러므로, 사도 바울은 "이제 내가 또한 가장 좋은 길을 너희에게 보이리라"(고린도전서 12:31)라고 말했습니다. 사랑은 물질적인 것을 멸시하고, 영원하지 못한 모든 일시적인 것을 소중히 여기지 않도록 우리를 설득합니다.

75. 하나님의 사랑은 욕망과 반대가 됩니다. 그 사랑이 감각적인 쾌락들과 관련하여 자체를 통제하도록 지성을 설득하기 때문입니다. 이웃에 대한 사랑은 분노와 반대가 됩니다. 그것이 우리로 하여금 명예와 재물을 멸시하게 만들기 때문입니다. 이것들이 우리 구주께서 당신을 돌보도록 여관 주인에게 주신 두 데나리온입니다(누가복음 10:31 참조). 하지만 생각 없이 강도들과 어울리지 마십시오. 그렇지 않으면, 당신은 다시 그들에게 구타를 당하고

의식을 잃을 뿐 아니라 죽은 채로 남겨지게 될 것입니다.

76. 분노와 원한과 부끄러운 생각으로부터 지성을 정결하게 하십시오. 그러면, 내주하시는 그리스도를 인식할 수 있을 것입니다.

77. 거룩하시고 동일 본질이시며 경배를 받으실 만한 삼위일체에 대한 믿음을 깨우쳐 주신 분이 누구십니까? 거룩한 삼위일체 중의 한 분이 성육신 하신 경륜을 당신에게 알려주신 분이 누구십니까? 영적인 존재들의 내적 본질들, 가시적인 세상의 기원과 완성, 죽은 자 가운데서의 부활과 영생, 또는 하나님 나라의 영광과 무서운 심판에 대해 가르쳐 주신 분이 누구십니까? 당신 안에 거하시는, 성령의 보증이 되시는 그리스도의 은혜가 아니었습니까? 이 은혜보다 더 큰 것이 무엇입니까? 이러한 지혜와 지식보다 더 고귀한 것이 무엇입니까? 이러한 약속들보다 더 고상한 것이 무엇입니까? 그러나 만일 우리가 게으르고 태만하여, 우리의 지성을 눈멀게 하여 이러한 실재들의 내적 본질을 태양보다 더 분명하게 보지 못하도록 방해하면서 우리를 더럽히는 정욕에서 자신을 스스로 정결케 하지 않는다면, 우리 안에 거하시는 성령을 부인하지 말고 우리 자신을 비난합시다.

78. 당신에게 영원한 축복들을 약속하시고(디도서 1:2 참조) 당신의 마음에 성령의 보증을 주셨던(고린도후서 1:22 참조) 하나님께서는 속사람이 정욕에서 벗어나 지금 이 세상에서 이러한 축복들을 누릴 수 있도록 어떻게 살아야 할지에 주의를 기울이라고 명하셨습니다.

79. 신성한 실재들에 대한 보다 높은 형태의 관상을 선물로 받았을 때, 사랑과 절제에 최대한 주의를 기울이십시오. 그래야 영혼의 감정적인 측면을 흔들리지 않게 유지할 수 있고, 당신의 영혼의 빛을 줄어들지 않은 광채 안에 보존할 수 있습니다.

80. 영혼의 분개하는 힘을 사랑으로 억제하고, 절제로 영혼의 욕망의 불을 끄며, 기도로 영혼의 지성에 날개를 달아주십시오. 그러면, 당신의 지성의 빛이 결코 어두워지지 않을 것입니다.

81. 자신에게 일어난 일이든 아니면 친척들이나 친구들에게 일어난 일이든, 모욕과 상처, 사람의 믿음이나 생활 방식에 대한 비방, 때리고 구타하는 것 등은 사랑을 소멸시킵니다. 이런 일들 때문에 사랑을 잃는 사람은 그리스도께서 주신 계명들의 목적을 아직 이해하지 못한 사람입니다.

82. 당신이 모든 사람을 사랑할 수 있도록 힘이 닿는 대로 최선을 다 하십시오. 아직 그렇게 할 수 없다면, 최소한 누군가를 미워하지는 마십시오. 하지만 당신이 세속적인 것들을 멸시하지 않는 한, 이것조차도 당신의 능력을 벗어나는 일이 될 것입니다.

83. 어떤 사람이 당신을 비방했습니까? 그를 미워하지 마십시오. 비방 자체와 그로 하여금 비방을 하게 만든 마귀를 미워하십시오. 비방한 사람을 미워한다면 당신은 사람을 미워한 것이며, 따라서 계명을 어긴 것이 됩니다. 그 사람이 말로 행한 것을 당신은 행동으로 행하는 것입니다. 계명을 지키려면 사랑의 특성을 나타내고, 그를 악에서 건져낼 수 있도록 최선을 다해 그를 도우십시오.

84. 그리스도께서는 당신이 일시적인 감정으로 누군가에 대해 어떤 방식으로든 조금이라도 증오, 분개, 분노, 또는 원한을 품는 것을 원하지 않으십니다. 이것은 사복음서 전체에 걸쳐 선포되어 있습니다.

85. 우리 중에 말이 많은 사람은 많지만, 실천하는 사람은 거의 없습니다. 하지만 누구도 자신의 태만함으로 하나님의 말씀을 왜곡하지 말아야 합니다. 우리는 자신의 연약함을 고백해야 하며, 하나님의 진리를 감추지 말아

야 합니다. 그렇지 않으면, 계명들을 어길 뿐만 아니라 하나님의 말씀을 왜곡하는 죄를 범하게 될 것입니다.

86. 사랑과 절제는 영혼을 정욕들로부터 해방시켜 줍니다. 영적 독서와 관상은 지성을 무지에서 해방시켜 줍니다. 그리고 기도하는 상태는 지성을 하나님의 임재 안으로 인도합니다.

87. 마귀들은 우리가 이 세상에 속한 것들 때문에 사람들을 미워하여 사랑에서 멀어지지 않으려고 그것들을 멸시하는 것을 볼 때, 중상(中傷)하는 자들로 하여금 우리를 대적하도록 부추깁니다. 그래서 우리로 하여금 분노를 억제하지 못하고 우리를 중상하는 자들을 미워하게 만들려는 것입니다.

88. 어떤 사람의 신앙이 목표가 되든, 아니면 생활방식이 목표가 되든, 중상보다 영혼을 고통스럽게 하는 것은 없습니다. 수산나[70인 역 구약성경의 일부인 다니엘서 제13장에 등장하는 인물]처럼 하나님께 시선을 확고하게 고정시킨 사람 외에는 누구도 중상에 대해 무관심할 수 없습니다(수산나 35절 참조). 오직 하나님만이 수산나를 구원하신 것처럼 파멸에서 구원하시고, 수산나의 경우에 행하신 것처럼 사람들에게 진리를 확신시키시고, 영혼을 격려할 수 있는

능력을 보유하시기 때문입니다.

89. 하나님은 비방을 받아 분개한 사람들이 자신을 비방한 사람을 위해 영혼을 다해 기도하는 만큼 진리를 알려 주실 것입니다.

90. 하나님만이 본성적으로 선하시며(마태복음 19:17 참조), 하나님을 본받는 사람만이 그 뜻과 목적이 선합니다. 악한 자들을 본성적으로 선하신 분과 연합시킴을 통해 그들 역시 선하게 되는 것이 그런 사람의 의도이기 때문입니다. 그렇기 때문에 그런 사람은 그들에게 모욕을 당하면서도 축복합니다. 또한 박해를 받으면서도 참고, 비방을 받으면서도 권면하며(고린도전서 4:12-13 참조), 죽임을 당하면서도 그들을 위해 기도합니다. 그런 사람이 사랑의 목적에서 어긋나지 않도록 최선을 다하는 이유는, 바로 사랑이 하나님 자신이기 때문입니다.

91. 주님의 계명들은 우리에게 중립적인 것들을 현명하게 사용하도록 가르칩니다. 그렇게 사용함으로써 영혼의 상태가 정화됩니다. 순결한 상태는 분별력을 낳고, 분별력은 무정념을 낳습니다. 그리고 완전한 사랑이 태어나는 곳이 바로 무정념입니다.

92. 만약 어떤 시련이 닥칠 때 친구의 허물을 너그러이

눈감아 줄 수 없다면, 사실이든 겉모습이든 간에 당신은 아직 무정념을 얻지 못한 것입니다. 영혼 깊숙이 자리 잡고 있는 정욕들이 동요될 때, 그것들은 마음을 눈멀게 하여 진리의 빛을 인지하지 못하게 하고 선악을 분별하지 못하게 합니다. 만일 당신이 그러한 상태에 있다면, 당신은 아직 완전한 사랑, 곧 심판에 대한 두려움을 몰아내는 사랑을 얻지 못한 것입니다(요한1서 4:18 참조).

93. "성실한 친구는 무엇과도 비길 수 없습니다"(집회서 6:15). 그는 친구의 불행을 자기 것으로 여겨, 함께 고난을 받으며 죽음에 이르기까지 친구의 시련에 동참하기 때문입니다.

94. 형통할 때는 친구가 많습니다(잠언 19:4 참조). 역경을 당할 때는 단 한 사람의 친구도 찾기 어려울 것입니다.

95. 모든 사람을 영혼으로부터 사랑하되, 오직 하나님께만 소망을 두고 온 힘을 다해 하나님을 섬기십시오. 하나님께서 우리가 해를 입지 않도록 보호하시는 한, 우리의 모든 친구가 우리를 존중할 것이며, 모든 원수가 무력해져서 우리를 해칠 수 없을 것입니다. 하지만 일단 하나님께서 우리를 버리시면, 모든 친구가 우리를 외면할 것이며, 모든 원수가 우리에게 승리하게 될 것입니다.

96. 하나님께서 우리를 버리시는 데는 네 가지 방식이 있습니다. 첫 번째는 신적인 경륜의 길로서, 우리가 명백히 버림을 받음으로써 버림을 받은 다른 사람들이 구원을 받을 수 있게 됩니다. 우리 주님이 이 길을 보여 주는 모범이십니다(마태복음 27:46 참조). 두 번째는 욥과 요셉의 경우에서 볼 수 있는 것처럼 시련과 시험의 길입니다. 그 결과로 욥은 용기의 기둥이 되고, 요셉은 절제의 기둥이 되었습니다(창세기 39:8 참조). 세 번째는 사도 바울의 경우처럼 아버지로서 자녀를 바로잡으시는 길입니다. 그 결과로 바울은 겸손해짐으로써 충만한 은혜를 보존할 수 있게 되었습니다(고린도후서 12:7 참조). 네 번째는 유대인들의 경우에서처럼 거절하시는 길입니다. 그들은 형벌을 받음으로써 회개하기에 이르렀습니다. 이 모든 길들이 하나님의 축복과 지혜가 충만한 구원의 길들입니다.

97. 철저하게 계명들을 지키고 진실로 하나님의 심판에 대해서 배우게 된 사람들만이 하나님이 시험을 당하도록 허락하시는 친구들을 저버리지 않습니다. 계명들을 멸시하고 하나님의 심판에 무지한 사람들은 친구가 형통할 때, 그와 함께 기뻐합니다. 하지만 친구가 시련의 때에 역경을 당하게 되면, 그를 버리고, 때로는 그를 공격하는

자들의 편에 서기도 합니다.

98. 그리스도의 친구들은 모든 사람을 진정으로 사랑하지만, 자기들 자신은 모든 사람에게 사랑을 받지 못합니다. 세상의 친구들은 모든 사람을 사랑하지도 않고, 모든 사람에게 사랑을 받지도 못합니다. 그리스도의 친구들은 사랑 안에서 끝까지 인내합니다. 세상의 친구들은 세상적인 일로 사이가 틀어질 때까지만 인내합니다.

99. "성실한 친구는 든든한 피난처"(집회서 6:14)입니다. 즉, 그는 일이 잘 풀릴 때에는 훌륭한 상담자이자 공감해 주는 동역자가 되지만, 일이 잘 풀리지 않을 때는 가장 진실한 조력자이자 가장 인정 많은 후원자가 되기 때문입니다.

100. 많은 사람이 사랑에 관해서 많은 말을 했습니다. 하지만 당신이 그리스도의 제자 중에서 사랑을 찾을 때만 사랑 자체를 발견하게 될 것입니다. 왜냐하면, 그 제자들만이 참 사랑이신 분을 사랑의 교사로 모시고 있기 때문입니다. 사도 바울은 "내가 예언하는 능력이 있어 모든 비밀과 모든 지식을 알고… 사랑이 없으면 내게 아무 유익이 없느니라"(고린도전서 13:2-3)라고 말합니다. 사랑을 소유한 사람은 "하나님은 사랑이"(요한1서 4:8)시기 때문에

하나님 자신을 소유합니다.
하나님께 영광이 세세토록 있기를 원합니다. 아멘.

에필로그

> **“** 진실한 고백과 금욕적 삶이 만들어 낸
> 사랑에 대한 금언집 **”**

지중해 기독교에서 동방과 서방 기독교에 영향을 끼친 사람

고백자 막시무스(Maximus the Confessor)는 580년경 지금의 터키 이스탄불에 해당하는 콘스탄티노플에서 태어났다. 그는 비잔틴 제국의 황제 헤라클리우스(Heraclius, d.641)를 섬기는 행정가로서 활동했지만, 결국은 수도자와 신학자로 인생의 절정기를 보냈다. 기독교가 태동 이래 중세 초기까지 지중해 연안을 끼고 발전했듯이, 막시무스도 지중해 연안을 따라 살면서 동방과 서방 기독교 양측 모두에 중요한 영향을 미쳤다. 당대의 뜨거운 신학 논쟁의 중심에 서 있었던 그는 인생의 마지막 단계에 자신이 한 때 활동했던 콘스탄티노플에서 정죄를 받고, 심한 고문을 받고 유배되었으며, 그 후유증으로 662년에 별세하였다.

고백자

 이런 고백적 순교로 삶을 마감한 후에 사람들은 막시무스의 이름에 '고백자'(Confessor)라는 칭호를 더해 기렸다. 고백자란 원래 시련과 고문과 박해를 당하면서도 자신의 믿음의 고백과 신앙을 지키는 사람을 뜻한다. 막시무스도 자신의 신앙적 신념을 굽히지 않고 고문을 당하고 죽었기 때문에 고백자라는 칭호가 더해졌다. 물론, 고백자라는 칭호는 나중에 기독교가 유럽에서 주도적 종교가 되면서 박해를 받는 경우가 드물게 되자, 거룩한 삶을 살아가는 사람들을 뜻하는 단어로 사용되었다. 동방과 서방 기독교에 막대한 영향을 끼친 막시무스가 고문을 받고 죽기까지 했던 이유는 무엇이었을까?

기독교 형성기, 단성론과 단의론

 오늘날 우리가 알고 있는 삼위일체와 예수의 인성과 신성 같은 신앙의 얼개들과 신학은 하루아침에 형성된 것이 아니다. '곧 오리라'는 말씀을 마치고 승천하신 예수의 재림이 기대대로 속히 일어나지 않자, 기독교 공동체는 예수의 말씀을 모아 정경을 정돈하고 기독교의 신학적 주제들을 하나둘씩 확립해 나갔다. 이런 논의들은 로마, 콘스탄티노플, 안디옥, 예루살렘, 알렉산드리아에 있는 다섯 개의 총대주교를 중심으로 수많은 교회지도자가 황제를 비롯한 권력자들과 함께 공의회라고 알려진 회의들을 통해 오랜 시간 동안 진행되었다.

막시무스가 활동하던 시절의 중요한 신학적인 중심주제에 단의론과 단성론이 포함되어 있었다. 단의론(單義論, monotheletism)은 예수가 신으로서의 의지만을 보유하는지 아니면 신의 의지와 인간의 의지를 동시에 보유하는지를 규명하고자 하는 논쟁에서 나온 개념이다. 단성론(單性論, monophysitism)이란 '예수가 신성과 인성 모두를 보유하는가, 신성만 보유하는가'라는 논쟁이었다.

예를 들어, 451년 소아시아 칼케돈에서 열린 제4차 공의회는 단성론을 배척하고, "그리스도의 완전한 신성과 완전한 인성의 두 본성이 하나의 위격 안에 일치를 이루고 있다"고 선언했다. 하나님이 눈에 보이는 성육신으로 오신 예수의 인성과 원래 지닌 것으로 간주된 신성의 문제는 매우 어려운 것이었다. 그 과정에서 신성이 인성을 흡수해 버렸다는 유티케스(Eutyches)와 예수의 인성만 강조하는 네스토리우스(Nestorius)로 대표되는 두 그룹과 예수의 인성과 신성이 분리될 수 없게 결합되었다고 주장하는 알렉산드리아의 시릴(Cyril of Alexandria) 사이에 일어난 논쟁이 칼케돈 회의의 배경이었다. 이 시대는 황제와 교황과 총대주교들이 목숨을 내놓고 주요한 신학적 개념을 정리해가던 시기였다.

막시무스 시절에도 단의론과 단성론은 여전히 뜨거운 감자였고, 그는 이 두 개념에 반대하는 투쟁에 오랫동안 적극적으로 참여했다. 당시 콘스탄티노플의 대주교 세르지우스(Sergius)는 그리스도 안에 내재하는 신성과 인성의 결합을 '의지의 단일성'에 있다고 주장했다. 635년 이후 예루살렘의 총대주교로 있던 소프로니우스(Sophronius)는 이런 세르지우스의 주장이 기존에 배척된 단성론의 위험을 내포하고 있다고 반박하며, 로마의 교황인 호노리우스 1세(Honorius I)에게 제소하기도 했다.

사실 이 문제는 7세기 비잔틴 기독교뿐만 아니라 로마 기독교 전체에서 여전히 유효했다. 이런 논쟁에서 막시무스는 단의론과 단성론에 반대한 정통적 대표자로 등장했다. 막시무스의 이런 입장이 당대 로마 교황의 입장과 일치했고, 이런 주장은 막시무스가 콘스탄티노플에 잡혀 와 고문을 당하고 유배되어 순교한 주된 이유였다.

뛰어난 인물을 잃고 싶지 않았던 비잔틴 제국은 막시무

스가 자신의 주장을 철회할 것을 거듭 요청했다. 하지만, 막시무스는 자신의 고백과 신념을 굽히지 않았다. 신학적 신념을 고백한 막시무스의 혀는 잘라 내어졌고, 자신의 주장을 철회한다는 동의서에 서명하지 않는 그의 오른팔 역시 잘렸다. 그리고 머지않아 유배지에서 죽음을 맞이했다. 막시무스는 기독교 세계에서 고백자라는 칭호를 얻게 되었고, 그의 신학적 주장은 680년에 열린 제6차 에큐메니칼 회의에서 중요한 초석이 되었다. 오늘날 기독교의 보편적인 신조와 고백이 형성되는 과정에 전개된 치열한 논쟁과 투쟁이 막스무스 같은 수많은 죽음을 만들어 냈고, 시대의 영웅과 성인들을 만들어 내기도 했다.

동방과 서방 기독교를 잇는 가교, 사랑과 신비

젊은 시절 황제를 가까이서 보좌했던 막시무스는 어느 날 익숙한 고향을 떠나 훌쩍 수도원적 삶을 선택했다. 그렇다고 수도원에서 금욕적인 삶을 살아간다는 것이 당대의 시대적 논쟁을 무시하는 것은 물론 아니었다. 막시무스는 모든 사람이 수도사적 이상을 지향하는 금욕적인 삶에서 사랑의 깊은 맛을 깨닫기를 원했고, 당대 신학적 난제들을 해석하는 작업을 했다. 또한 신학과 영성의 토대가 될 것이라 믿었던 위-디오니시우스의 작품들을 번역하고 주석을 추가했다. 막시무스의 이러한 신학적작업을 통해 위-디오니시우스가 유럽에 소개되어 서방 기독교, 즉 유럽 중세기독교의 신학과 신비주의의 토대가 되게 했다. 막시무스가 살던 당대 기독교의 신학적 난제들을 논의하고 풀어나간 대표적인 책이 그의 《암비규아》(Ambigua)이고, 수도사로서의 사랑에 대한 깊은 묵상이 바로 우리가 이번에 한글로 번역한 작품이다. 이처럼 막시무스의 신학적 높은 산봉우리는 사랑의 깊은 골짜기와 맞닿아 있었다.

디딤돌, 신학과 사상

도대체 막시무스는 어떤 사상가들의 영향을 받았을까? 그는 무엇보다 위-디오니시우스를 비롯한 기독교 교부들, 그리스 사상, 그리고 일반적인 고대 인문학의 영향을 받았다. 특히, 지중해를 따라 알렉산드리아로부터 소아시아를 둘러 콘스탄티노플에 이르는 인근 지역의 사상가들과 신학자들의 영향을 많이 받았다. 막스무스의 글은 오리게누스(Origenus), 닛사의 그레고리우스(Gregorius of Nyssa), 나지안주스의 그레고리우스(Gregorius of Nazianzus), 위-디오니시우스, 그리고 에바그리우스(Evagrius) 같은 초대 교부들의 사상적 흔적을 깊숙이 담고 있었다. 그리고 플라톤주의, 신-플라톤주의, 아리스토텔레스주의를 포함한 그리스 철학자들에게 깊이 의존했다. 이처럼, 물론 그의 신학과 사상은 선배 기독교 신학자들의 영향 뿐만 아니라 그리스의 고전과 문학과 사상의 영향을 담고 있음이 틀림없다.

위에서 언급했듯이, 콘스탄티노플을 중심으로 한 동방 기독교를 배경으로 살아갔던 막시무스의 사상은 서방기독교의 발전과정에서 적지 않은 영향을 미쳤다. 특히 그가 위-디오니시우스 저작을 번역하고 주석한 것은 이후 동방의 인물이던 위-디오니시우스를 서방 기독교에 소개하는데 결정적인 역할을 했다. 동시에 위-디오니시우스의 사상 중에서 개념적 접근, 예전적 접근, 그리고 우주론적 접근은 막시무스의 사상 형성에도 크게 기였다. 위-디오니시우스의 작품은 막시무스에게 삶과 사상에 있어서 큰 바위 얼굴이었다.

막시무스의 이런 작업은 카롤링거 궁정 신학자였던 에리우제나(Eirugena)가 위-디오니시우스의 작품에 대한 주석을 남기고 분석하는 것을 가능하게 하였다. 자연스럽게 막시무스는 서방의 중세 초기 기독교의 사상적 체계를 세우는 기여를 했고, 기독교 역사 가운데 서방과 동방에서 동시에 존경받는 인물이 되었다. 그가 평생 삶으로 보여준 기독교의 예전과 말씀의 조화, 수도원적 실천과 이론의 조화, 철학과 신학의 융합은 동-서방 기독교의 발전에 골고루 기여했다.

필로칼리아(Philokalia)

막시무스는 성경주석, 교의신학, 성례, 예전, 금욕생활과 신비신학을 포함한 다양한 주제에 대하여 90여 편의 방대한 작품을 남겼다. 그중 막시무스가 영성에 대하여 다룬 대표적인 글들이 4-15세기 수도사들의 금언들을 수집해 18세기 후반에 출간한 《필로칼리아》(Philokalia) 제2 권에 담겨 있다. 특히, 동방 기독교, 즉 비잔틴 기독교의 영성 이해에 필수적인 《필로칼리아》는 막시무스에게 가장 많은 지면을 할애하고 있다. 여기에 실린 그의 글에서 제일 먼저 수록된 작품이 바로 우리가 이번에 한글로 작업한 《사랑에 대한 400가지 교훈》(400 Chapters On Love)이다.

사랑에 대한 400가지 교훈

사랑에 대한 막시무스의 격언들은 사막교부들의 금언록인 '아포프테그마타'(Apophthegmata) 같이 짧은 경구(警

句) 형식을 취하고 있다. 물론 형태의 유사성은 있지만, 사막교부들의 금언록보다는 글 전체를 관통하는 주제가 훨씬 짜임새가 있고 논리적이다. 이 작품은 100개를 하나의 단위로 해서 총 400개의 금언을 담고 있다. '100'이란 흔히 완전함을 의미하는 것으로, 4세기 이집트의 교부였던 에바그리우스(Evagrius Phonticus)도 실천적 수련에 대한 묵상을 100개로 담아 남겼다. 흥미롭게도 각각의 금언들은 독립적인 것으로 보이지만, 자세히 보면 작품 전체가 저자의 일관된 의도 아래 하나의 흐름을 이루고 있음을 알 수 있다. 그 묵상과 명상의 깊은 흐름 속에서 우리는 삶과 신학에서 철저한 수련과 금욕의 삶을 살아갔던 막시무스의 심오한 통찰과 자애로운 지혜를 만날 수 있다.

막시무스가 이해한 사랑은 다음과 같은 구절에서 핵심적으로 맛볼 수 있다.

하나님은 사랑이시다. 하나님은 인간을 사랑하신다. 인간은 하나님을 사랑하고 이웃을 사랑하라는 계명을 받았다. 하나님과 인간을 사랑하기 위해 인간은 물질적이고 악한 것들에 대한 애착에서 자유로워야 한다. 이것이 그리스도인이 된다는 의미다. 즉, 그리스도인은 사랑을 알고, 사랑하는 사람이다. 은혜로 우리의 삶을 정결케 하고, 우리는 금욕적인 동시에 덕을 쌓는 노력을 통해서 하나님과 연합하게 된다.

어떻게 보면, 우리가 수많은 교육과 프로그램과 신학 공부를 통해 익히 알고 있는 내용이 아닌가? 그런데 조금만 더 깊이 들어가면, 이 작품은 우리가 제대로 사랑을 할 것을 지속해서 강조한다. 하나님이 아닌 것들을 사랑하지 말고, 하나님이 아닌 것들에 열망과 욕망을 품지 말고, 자기와 사물들에 대한 애착에서 떠나 자유로워질 것을 강조한다. 특히, 모든 악의 근원에 자리한 자기애(self-love, 자기 사랑)를 주목할 필요가 있다. 우리의 사랑이 우리 자신을 떠나 하나님과 이웃을 향할 때 우리에게 소망이 있다. 특히 이웃과 타인에 대한 사랑은 동등하게 사랑할 것을 지속적으로 강조했다. 그리고 그런 소망은 하나님의 은혜를 깨닫는 것과 정욕을 극복하고 덕을 쌓는 실천을 통해 이룰 수 있다. 바로 그럴 때, 사랑이신 삼위일체 하나님의 한 위격으로 인간의 본성과 육신을 입으시고 세상에 오신 성자 하나님, 예수 그리스도를 본받고 그분을 통해서 삼위일체 하나님의 삶에 참여함으로써 우리는 하나님과 연합하는 궁극적인 영원한 존재(eternal-being)가 될 수 있다. 이처럼 사랑은 명사가 아니고 동사이기 때문에, 우리의 금욕적 삶을 통해 덕을 쌓아야 한다.

이런 사랑은 400개의 사랑에 대한 금언의 시작이자 끝이다.

사랑은 모든 피조물보다 하나님을 아는 지식을 더 소중히 여기는 영혼의 거룩한 상태입니다. 세속적인 것에 여전히 집착하는 동안에는 그런 사랑을 지속적으로 소유할 수 없습니다(1.1).

많은 사람이 사랑에 관해서 많은 말을 했습니다. 하지만 당신이 그리스도의 제자 중에서 사랑을 찾을 때만 사랑 자체를 발견하게 될 것입니다. 왜냐하면, 그 제자들만이 참사랑이신 분을 사랑의 교사로 모시고 있기 때문입니다. 성 바울은 "내가 예언하는 능력이 있어 모든 비밀과 모든 지식을 알고. 사랑이 없으면 내게 아무 유익이 없느니라"(고린도전서 13:2-3)라고 말합니다. 사랑을 소유한 사람은 "하나님은 사랑이"(요한1서 4:8)시기 때문에 하나님 자신을 소유합니다. 하나님께 영광이 세세토록 있기를 원합니다. 아멘(4.100).

이 에필로그는 본문을 읽기 전이나 후에 본문을 이해할 수 있도록 돕기 위한 짧은 글이다. 우리의 이 짧은 글이 천

년이 훨씬 넘는 세월 동안 많은 사람의 사랑을 받은 이 금언집을 이해하는 데 조금이라도 도움이 되기를 바란다. 이 금언집을 통해서 막시무스의 신학과 영성을 이해할 수 있을 뿐 아니라 그 자신의 다른 글들과 그의 글들의 배경이 되는 또 다른 거룩하고 위대한 작품들을 맛보게 되는 작은 창구가 되기를 소원한다. 막시무스가 기대했듯이, "하나님을 경외하고 사랑하는 마음으로 읽으면 큰 유익이 있을 것"임을 우리도 믿는다.

김재현, 키아츠 원장

주요 참고 자료

---
1 차문헌

Migne, J., *PG* 90-91.

Maximus Confessor : selected writings, New York : Paulist Press (Classics of Western Spirituality), c1985

St. Maximus the Confessor, *The Ascetic Life, The Four Centuries on Charity* (P. Sherwood 번역과 주석), The Newman Press: New York, NY, 1955

Questiones ad Thalassium I (Carl Laga 와 Carlos Steel 편집), Corpus Christianorum, Series Graeca 7, Louvain, 1980

Questiones et Dubia (J.H. Declerck 편집), Corpus Christianorum, Series Graeca 10, Louvain, 1982; *St. Maximus the Confessor's "Questions and doubts"*, Despina D. Prassas 번역, DeKalb : Northern Illinois University Press, 2021

---
2 차문헌

Balthasar, Hans Urs von., *Cosmic liturgy : the universe according to Maximus the Confessor*, 2003

Louth, Andrew, *Maximus the Confessor*, London ; New York : Routledge / (Early church fathers), 1996